Ausführungsbestimmungen zum Tabaksteuergesetze vom 15. Juli 1909.

Zweiter Teil:

Tabaksteuerordnung

mit den §§ 11 bis 56 des Gesetzes.

Herausgegeben im
Reichsschatzamt.

1912.
Springer-Verlag Berlin Heidelberg GmbH

ISBN 978-3-662-24524-8 ISBN 978-3-662-26669-4 (eBook)
DOI 10.1007/978-3-662-26669-4

Der buchhändlerische Vertrieb ist dem Verlag von
Julius Springer in Berlin,
W 9, Linkstr. 23/24,
übertragen.

Inhalt.

Tabaksteuergesetz
vom 15. Juli 1909
(Reichs-Gesetzbl. S. 793).

. . . .

§ 11.

Besteuerung des inländischen Tabaks. A. Gewichtsteuer.

Der innerhalb des Zollgebiets erzeugte Tabak unterliegt der Besteuerung nach Maßgabe dieses Gesetzes.

Die Steuer wird vom Gewichte des Tabaks in gegorenem (fermentiertem) oder getrocknetem, verarbeitungsreifem Zustand erhoben und beträgt für einen Doppelzentner

Tabakblätter . . . . 57 Mark,
Tabakblätter, welche zur Herstellung von Tabakerzeugnissen verwendet werden, auf die das Zigarettensteuergesetz vom 3. Juni 1906 Anwendung findet, und Grumpen 45 »

In welchen Fällen an Stelle dieser Steuer die Entrichtung einer Abgabe nach Maßgabe des Flächenraums des mit Tabak bepflanzten Grundstücks tritt, ist in den §§ 33 u. ff. bestimmt.

§ 12.

Anmeldung der Tabakpflanzungen.

Jeder Inhaber eines mit Tabak bepflanzten Grundstücks (Tabakpflanzer), auch wenn er den Tabak gegen einen bestimmten Anteil oder unter sonstigen Bedingungen durch einen anderen anpflanzen oder behandeln läßt, ist verpflichtet, der Steuerbehörde des Bezirkes bis zum Ablauf des 15. Juli die bepflanzten Grundstücke einzeln nach ihrer Lage und Größe genau und wahrhaft schriftlich anzugeben. Derselbe erhält darüber von der gedachten Behörde eine Bescheinigung.

In betreff der erst nach dem 15. Juli bepflanzten Grundstücke muß die Anmeldung spätestens am dritten Tage nach dem Beginne der Bepflanzung bewirkt werden.

§ 13.

Die Angaben (§ 12) werden seitens der Steuerbehörde geprüft, welche dabei von dem Gemeindebeamten zu unterstützen ist. Vermessungskosten dürfen dem Tabakpflanzer hierdurch nicht erwachsen.

§ 14.

Haftung des Tabakpflanzers für die Vorführung des Tabaks zur Verwiegung.

Der Inhaber eines mit Tabak bepflanzten Grundstücks haftet für die Gestellung des auf demselben erzeugten Tabaks zur amtlichen Verwiegung. Diese Verpflichtung geht, wenn nach der Anmeldung (§ 12) und vor Beendigung der Ernte ein Wechsel in der Person des Inhabers des Grundstücks eintritt, auf den neuen Inhaber über, ohne Rücksicht auf die von den Interessenten getroffenen Verfügungen. Von jeder solchen Veränderung ist binnen drei Tagen nach dem Eintritt der Steuerbehörde eine schriftliche, von dem neuen Inhaber und im Falle der freiwilligen Veräußerung auch von dem bisherigen Inhaber zu unterzeichnende Anzeige zu machen.

§ 15.

Ermittelung der zu vertretenden Blätterzahl oder Gewichtsmenge.

Um die vollständige Gestellung des erzeugten Tabaks zur Verwiegung zu sichern, ist die Steuerbehörde befugt, vor dem Beginne der Ernte zu einer für den Inhaber des Grundstücks verbindlichen Feststellung der Blätterzahl oder der Gewichtsmenge zu schreiten, welche mindestens zur Verwiegung gestellt und, soweit dies nicht geschehen und auch der Abgang nicht vorschriftsmäßig nachgewiesen ist (§ 18), versteuert werden muß. In dem Falle der Feststellung der Blätterzahl wird der Steuerbetrag für die nicht zur Verwiegung gestellten Blätter (§ 31) nach dem für gleichartige Blätter ermittelten Durchschnittsgewichte berechnet.

§ 16.

Die behufs amtlicher Festsetzung der zu vertretenden Blätterzahl oder Gewichtsmenge erforderlichen Ermittelungen werden an Ort und Stelle, und zwar erstere durch Steuerbeamte, welche dabei durch einen geeigneten Stellvertreter der Gemeindebehörde zu unterstützen sind, letztere durch eine Schätzungskommission vorgenommen, die aus dem Oberkontrolleur, einem von der Gemeindebehörde und einem von der Steuerbehörde ernannten Sachverständigen besteht.

Der zur Vornahme der örtlichen Ermittelungen beziehungsweise Abschätzung anberaumte Termin ist der Gemeindebehörde und durch diese den Tabakpflanzern vorher bekannt zu machen. Jeder Tabakpflanzer ist berechtigt, den Ermittelungen auf seinen Grundstücken beizuwohnen.

Das Ergebnis wird für jedes einzelne Grundstück in ein Register eingetragen und durch Offenlegung des letzteren in der Gemeinde oder Zustellung eines Auszugs an den Tabakpflanzer bekannt gemacht.

Innerhalb einer präklusivischen Frist von drei Tagen nach der in ortsüblicher Weise erfolgten Bekanntmachung der Offenlegung des Registers beziehungsweise nach dem Empfange des Auszugs kann der Tabakpflanzer gegen die Festsetzung Einspruch erheben. Der Einspruch ist in die dazu bestimmte Spalte des Registers einzutragen oder der Steuerbehörde schriftlich zuzustellen und muß in allen Fällen den Betrag der verlangten Ermäßigung genau bezeichnen.

Die Entscheidung über den Einspruch wird von der für den betreffenden Bezirk niedergesetzten Kommission erlassen, welche aus dem Oberinspektor oder dem von ihm beauftragten Oberkontrolleur und zwei von der höheren Verwaltungsbehörde des Bezirkes ernannten vereideten Sachverständigen besteht und ihre Beschlüsse nach Stimmenmehrheit faßt. Die Leitung der Verhandlungen steht dem Oberinspektor beziehungsweise Oberkontrolleur zu.

Wird der Einspruch unbegründet gefunden, so können dem Tabakpflanzer die durch die Untersuchung und Entscheidung entstandenen Kosten ganz oder teilweise zur Last gelegt werden.

§ 17.

Die Festsetzung der zu vertretenden Blätterzahl oder Gewichtsmenge kann mit der im § 15 angegebenen Wirkung durch eine auf Erfordern der Steuerbehörde von dem Tabakpflanzer schriftlich einzureichende verbindliche Deklaration der Anzahl der Pflanzen und der durchschnittlichen Blätterzahl beziehungsweise der mindestens zur Verwiegung zu stellenden Gewichtsmenge ersetzt werden, sofern bei Prüfung der Deklaration sich gegen deren Inhalt nichts zu erinnern findet oder die erhobenen Erinnerungen sofort erledigt werden.

§ 18.

Die festgesetzte Tabakmenge erleidet eine Verminderung:

1. infolge etwaiger vor der amtlichen Verwiegung eingetretener Unglücksfälle (wozu auch ein nach Feststellung der Blätterzahl beziehungsweise der Gewichtsmenge eingetretener Mißwachs zu rechnen), soweit dadurch erweislich die Blätterzahl oder die Gewichtsmenge des erzeugten Tabaks vermindert ist.

   Von jedem derartigen Unglücksfall ist spätestens am vierten Tage nach dessen Eintreten und, wenn derselbe den Tabak auf dem Felde betroffen hat, jedenfalls vor vollendeter Ernte der Steuerbehörde schriftlich Anzeige zu machen, welche die amtliche Erhebung des Verlustes zu veranlassen und über den Anspruch auf Minderung der zu vertretenden Blätterzahl beziehungsweise Gewichtsmenge zu entscheiden hat;

2. infolge des unter gewöhnlichen Verhältnissen bis zur Verwiegung entstehenden Abganges an Bruch und Abfall.

   Wegen des hierfür zuzugestehenden Abzugs sowie wegen des Verfahrens in den unter Ziffer 1 gedachten Fällen sind die von dem Bundesrate zu erlassenden Anordnungen zu beobachten.

§ 19.

Besuch der Trockenräume.

Den Steuerbeamten ist der Zutritt zu denjenigen Räumen gestattet, in welchen der geerntete Tabak getrocknet oder bis zur Verwiegung aufbewahrt wird. Dieselben können jederzeit die Übergabe zur Indentifizierung des Tabaks geeigneter Proben verlangen, welche nach Feststellung der Steuer zurückzugeben sind.

§ 20.

Veräußerung des Tabaks vor der Verwiegung.

Bevor der im § 14 gedachten Verpflichtung genügt ist, darf der Tabakpflanzer sich des Besitzes des auf dem angemeldeten Grundstück erzeugten Tabaks oder eines Teiles davon bei oder nach der Ernte nicht entäußern, außer mit Genehmigung der Steuerbehörde und unter den von derselben hinsichtlich der Sicherstellung des Steueranspruchs zu stellenden Bedingungen.

Die Ausfuhr des noch nicht zur Verwiegung gestellten Tabaks über die Zollgrenze ist nur nach vorheriger Anmeldung und unter amtlicher Kontrolle gestattet.

§ 21.

Verwiegung.

Das Gewicht des Tabaks wird nach bewirkter Trocknung und vor Beginn der Fermentation spätestens am 31. März des auf das Erntejahr folgenden Jahres durch amtliche Verwiegung bei der Steuerstelle des Bezirkes oder der nach Bedürfnis in dem einzelnen Produktionsort eingerichteten besonderen Verwiegungsstelle ermittelt. Die obersten Landesfinanzbehörden sind ermächtigt, ausnahmsweise zu gestatten, daß die Gewichtsermittelung erst nach dem 31. März, jedoch spätestens bis zum 31. Mai des auf das Erntejahr folgenden Jahres, geschehe.

§ 22.

Verpackung des Tabaks zur Verwiegung

Zu diesem Behufe sind die Tabakblätter nach dem Abhängen nach Maßgabe der von der Steuerbehörde bekanntgemachten Anweisung in Büschel und Bündel zu verpacken und zur Verwiegung zu stellen.

Außerdem sind die gewonnenen Grumpen, Bruch und sonstige Abfälle zur Verwiegung vorzuführen. Die für die Umschließungen des verwogenen Tabaks zu vergütende Tara wird auf Grund von Probeverwiegungen bestimmt.

§ 23.

Zeit der Verwiegung.

Die Steuerbehörde hat nach Anhörung der Gemeindebehörde die Zeit, wann beziehungsweise die Frist, bis zu deren Ablauf die Vorführung des Tabaks zur Revision und Verwiegung geschehen muß, zu bestimmen und durch die Gemeindebehörden in ortsüblicher Weise bekanntmachen zu lassen.

Wo das Bedürfnis vorliegt, die amtliche Verwiegung der Grumpen oder Sandblätter früher, als diejenige des Oberguts zu veranlassen, kann die Gemeindebehörde einen besonderen Verwiegungstermin für die Grumpen sowie für die Sandblätter beantragen. In diesem Falle hat dieselbe von dem bevorstehenden Verkaufe der Grumpen beziehungsweise von dem Beginne des Abhängens der Sandblätter der Steuerbehörde besondere Anzeige zu machen.

§ 24.

Verfahren.

Die Anzahl der zur Verwiegung gestellten Bündel (§ 22) ist vor dem Beginne der Revision und Verwiegung dem Wagebeamten schriftlich anzumelden. Ergeben sich aus der Anmeldung oder bei der Revision oder Verwiegung Anstände, die eine weitere Untersuchung nötig machen, so hat sich der Inhaber des Tabaks gefallen zu lassen, daß derselbe auf seine Kosten unter amtlicher Verwahrung und Verschluß gehalten wird, bis die Abfertigung der unbeanstandeten Posten beendet ist.

Die bei der Revision und Verwiegung nötigen Handdienstleistungen hat der Inhaber des Tabaks zu verrichten oder auf seine Kosten verrichten zu lassen.

§ 25.

Feststellung der Steuer.

Über das Ergebnis der Verwiegung wird eine amtliche Bescheinigung erteilt. Demnächst erfolgt die Feststellung des Steuerbetrags, wobei das ermittelte Gewicht des dachreifen Tabaks nach Abzug von einem Fünftel desselben als das steuerpflichtige Gewicht des Tabaks in fermentiertem oder getrocknetem fabrikationsreifem Zustand angenommen wird. Der festgestellte Steuerbetrag wird sodann demjenigen bekanntgemacht, welchem die Gestellung des Tabaks zur amtlichen Verwiegung obliegt; für die Entrichtung der Steuer ist dieser zunächst haftbar (§ 29).

Der festgestellte Betrag ist bei der erstmaligen Veräußerung des Tabaks, spätestens jedoch am 15. Juli des auf das Erntejahr folgenden Jahres zu zahlen, soweit nicht Kredit bewilligt, oder der Tabak zur Ausfuhr über die Zollgrenze oder zur Aufnahme in eine für unverzollte Waren bestimmte, oder mit Bewilligung der Steuerbehörde ausschließlich für diesen Zweck eingerichtete öffentliche oder unter amtlichem Mitverschlusse stehende Privatniederlage abgefertigt wird. Die Lagerung und Versendung von unversteuertem Tabak unterliegt der amtlichen Kontrolle nach den hierüber vom Bundesrate getroffenen Bestimmungen. Den obersten Landesfinanzbehörden wird die Befugnis erteilt, im Falle des Bedürfnisses die Frist zur Zahlung der Steuer über den 15. Juli des ersten auf das Erntejahr folgenden Jahres hinaus bis zur erstmaligen Veräußerung des Tabaks, längstens jedoch bis zum 30. Juni des zweiten auf das Erntejahr folgenden Jahres zu verlängern.

Die Versteuerung unterbleibt, soweit die Vernichtung des Tabaks oder seine Unbrauchbarmachung zu menschlichem Genusse vor oder bei der Verwiegung beantragt und unter amtlicher Aufsicht vollzogen wird. Desgleichen wird von dem auf der Niederlage gänzlich verdorbenen und unbrauchbar gewordenen Tabak, nachdem derselbe unter amtlicher Aufsicht vernichtet worden, Steuer nicht erhoben. Wird der noch im ganzen beim Tabakpflanzer vorhandene Tabakgewinn durch Feuerschaden ganz oder teilweise bis zum Ablauf der für die Entrichtung der Steuer festgesetzten Frist erweislich zerstört, so kann ein verhältnismäßiger Erlaß der Steuer gewährt werden.

§ 26.

Für Tabak, der vor der amtlichen Verwiegung durch besondere Unglücksfälle, wie Hagelschlag, eine erhebliche Wertverminderung erfahren hat, kann auf Antrag ein dem Grade der Wertminderung entsprechender Nachlaß der Steuer bewilligt werden.

§ 27.

Wenn inländischer Tabak in eine Niederlage für unverzollte Waren aufgenommen wird, so finden auf denselben die für die betreffende Niederlage überhaupt geltenden Vorschriften mit der Maßgabe Anwendung, daß in allen Fällen das Auslagerungsgewicht der weiteren Abfertigung der abgemeldeten Mengen zugrunde gelegt wird und die beim Übergang in den freien Verkehr zu entrichtende Steuer nach dem Satze von der Steuer für inländischen Tabak (§ 11) zu bemessen ist. Dagegen erlischt die Verpflichtung zur Entrichtung der Steuer, welche bei der in Gemäßheit des § 25 vorgenommenen amtlichen Verwiegung für den in die Niederlage aufgenommenen Tabak festgestellt war. Demgemäß wird von dem Steuerbetrage, welchen der Niederleger in Gemäßheit der nach § 25 erfolgten Feststellung, oder infolge späterer Übernahme (§ 29) zu entrichten hat, bei der Aufnahme einer Tabakmenge in die Niederlage regelmäßig derjenige Betrag abgesetzt, welcher für ein gleiches Gewicht Tabak in dachreifem Zustand ermittelt ist. Ist nachweislich durch Eintrocknen während des Transports von der amtlichen Verwiegungsstelle (§ 25) bis zur Niederlage ein Gewichtsverlust entstanden, oder hat nach der amtlichen Verwiegung (§ 25) und vor Einlieferung zur Niederlage noch eine Lagerung stattgefunden, so kann für die Eintrocknung während des Transports und während der Lagerung nach den vom Bundesrate zu treffenden näheren Bestimmungen noch ein entsprechender Zuschlag zu diesem Gewichte gewährt und der sich hiernach ergebende höhere Betrag von der ursprünglich festgestellten Steuer (§ 25) abgesetzt werden.

Auf besonderen Antrag kann die Aufnahme des unversteuerten Tabaks in eine Niederlage der bezeichneten Art auch mit der Wirkung zugelassen werden, daß derselbe in bezug auf die fernere Abfertigung dem unverzollten ausländischen Tabak gleichgestellt und beim Übergang in den freien Verkehr der Eingangsabgabe (§§ 1, 2) unterworfen wird.

§ 28.

Auf die mit Bewilligung der Steuerbehörde ausschließlich für die Aufnahme von unversteuertem inländischen Tabak eingerichteten öffentlichen oder unter amtlichem Mitverschlusse stehenden Privatniederlagen finden die Bestimmungen in §§ 97 bis 104 beziehungsweise im § 108 des Vereinszollgesetzes mit der vorstehend im § 27 Abs. 1 bezeichneten Maßgabe analoge Anwendung.

Die näheren Bedingungen für die Bewilligung und Benutzung solcher Niederlagen, sowie die speziellen Vorschriften über die Abfertigung des zu denselben gelangenden und aus ihnen zu entnehmenden Tabaks enthält das zu erlassende Regulativ.

§ 29.

Haftung für Entrichtung der Steuer.

Bei der erstmaligen Veräußerung des Tabaks wird der Käufer oder sonstige Erwerber zur Entrichtung der Steue verpflichtet. In solchen Fällen hat der bisher Steuerpflichtig (§ 25) vor der Übergabe des Tabaks die Steuerbehörde vo der Veräußerung zu benachrichtigen und für die Steuer s lange solidarisch zu haften, als er nicht durch die Steuer behörde ausdrücklich davon entbunden wird. Bis die geschehen ist, kann er die Übergabe des Tabaks an de Käufer verweigern. Die Steuerbehörde hat die Entlassun des ursprünglich Steuerpflichtigen aus dieser solidarische Haftpflicht regelmäßig zu gewähren, sofern nicht im einzelne Falle wegen der Persönlichkeit des Käufers oder mangelnd

Sicherheit für die Steuerentrichtung besondere Bedenken entgegenstehen. Die verlangte Entlassung aus der Haftpflicht darf nicht verweigert werden, wenn die Übergabe des Tabaks vor der Steuerbehörde stattfindet. Hat die Übergabe des Tabaks an einen Käufer oder sonstigen Erwerber nicht bis zum Ablauf der für die Entrichtung der Steuer festgesetzten Frist stattgefunden oder soll der Tabak vor der erstmaligen Veräußerung in den freien Verkehr gesetzt werden, so ist der Tabakpflanzer zur Entrichtung der Steuer verpflichtet. In jedem Falle haftet der Tabak ohne Rücksicht auf die Rechte eines Dritten an demselben für die darauf ruhende Tabaksteuer und kann, solange deren Entrichtung nicht erfolgt, von der Steuerbehörde in Beschlag genommen oder zurückgehalten werden.

§ 30.

Kreditierung.

Auf Antrag des Steuerpflichtigen kann die Kreditierung der Steuer nach Maßgabe des von dem Bundesrate zu erlassenden Kreditregulativs bewilligt werden.

Um den Übergang der Steuerpflicht (§ 29) auf solche Händler, Fabrikanten usw., welche in anderen Steuerbezirken domiziliert sind, zu erleichtern, können denselben nach näherer Vorschrift des Kreditregulativs von dem Hauptamt, innerhalb dessen Bezirke sie domiziliert sind, auf eine bestimmte Summe lautende Tabaksteuer-Kreditzertifikate erteilt werden.

§ 31.

Einziehung der Steuer für der Verwiegung entzogenen Tabak.

Ist nicht die ganze zu vertretende Blätterzahl beziehungsweise Gewichtsmenge (§§ 15 ff.) zur Verwiegung gestellt, oder ist anderweit ermittelt, daß ein Teil des steuerpflichtigen Tabaks der Verwiegung entzogen ist, so wird die dafür zu entrichtende Steuer — unbeschadet der etwaigen Strafverfolgung — gleichfalls festgesetzt und von dem für die Gestellung zur Verwiegung Verhafteten eingezogen. In betreff dieser Steuerbeträge findet eine Kreditgewährung nicht statt.

§ 32.

Vorschriften für den Tabakbau.

In betreff der Behandlung der Tabakpflanzungen sind die folgenden Vorschriften zu beobachten:

1. Die Pflanzung ist in geraden Reihen mit gleichen Abständen der einzelnen Pflanzen voneinander inner-

halb der Reihen und mit gleichen oder gleichmäßig wiederkehrenden Abständen der Reihen voneinander anzulegen.

2. Tabak darf nicht mit anderen Bodengewächsen gemischt gebaut werden; jedoch ist bei gänzlichem Ausfalle der Tabakpflanzen auf einer mindestens 4 Quadratmeter haltenden Fläche der Nachbau anderer Gewächse auf dieser Fläche gestattet.

3. Bis zu dem zur amtlichen Festsetzung der Blätterzahl beziehungsweise der Gewichtsmenge (§ 16) bestimmten oder dem etwa besonders in ortsüblicher Weise hierfür bekannt gemachten Termine muß die zur Regelung der Blattzahl erforderliche Behandlung der Tabakpflanzen (das Köpfen, Ausgeizen) vollständig bewirkt sein. Von dieser Vorschrift kann in denjenigen Fällen, wo die im § 15 gedachte Feststellung auf die Gewichtsmenge gerechnet wird, die Steuerbehörde die betreffenden Tabakpflanzer entbinden.

4. Bevor die zu vertretende Blätterzahl beziehungsweise Gewichtsmenge amtlich festgestellt und über den etwa dagegen erhobenen Einspruch entschieden, oder aber die Abstandnahme von der amtlichen Ermittelung der Blätterzahl beziehungsweise Gewichtsmenge bekannt gemacht worden ist, dürfen Tabakblätter nur nach vorheriger Anzeige bei der Gemeindebehörde und unter Beobachtung der wegen Feststellung der Menge von der Steuerbehörde zu erlassenden Anordnungen eingesammelt werden.

5. Alle vor der Ernte entstehenden Abfälle (Spindeln, Geize, mißratene Pflanzen usw.) sind auf dem Felde sofort zu vernichten.

6. Will der Tabakpflanzer das Tabakfeld vor der Ernte wegen Mißwachses usw. umpflügen, so ist hiervon der Steuerbehörde zuvor Anzeige zu machen.

7. Spätestens am zehnten Tage nach dem Abblatten müssen, soweit die Steuerbehörde nicht eine längere Frist gestattet hat, die Tabakpflanzen abgehauen oder in anderer Art beseitigt werden. Die Erzielung einer Nachernte (das sogenannte Geizenziehen) kann nur ausnahmsweise mit besonderer vor der Ernte ein-

zuholender Genehmigung der Steuerbehörde und unter den von derselben vorzuschreibenden Bedingungen hinsichtlich der Ermittelung und Entrichtung der gesetzlichen Steuer (§ 11) gestattet werden.

§ 33.

B. Besteuerung nach dem Flächenraume.

Für Tabakpflanzungen auf Grundstücken von weniger als 4 Ar Flächeninhalt tritt statt der im § 11 bestimmten Gewichtsteuer die Besteuerung nach Maßgabe des Flächenraums ein. Die Steuer beträgt für ein Quadratmeter der mit Tabak bepflanzten Fläche 5,7 Pfennig, im ganzen aber mindestens 50 Pfennig.

Durch besondere Anordnung der Steuerbehörde können jedoch auch solche Pflanzungen der Entrichtung der Gewichtsteuer unterworfen werden.

§ 34.

In betreff der nach Maßgabe des Flächenraums zu versteuernden Pflanzungen finden die Bestimmungen in den §§ 12 und 13 gleichmäßig Anwendung.

Nach geschehener Prüfung der Anmeldung (§ 13) wird die von dem Tabakpflanzer zu entrichtende Steuer berechnet und demselben bekannt gemacht. Der Inhaber des Grundstücks haftet für den vollen Betrag der Steuer, auch wenn er den Tabak gegen einen bestimmten Anteil oder unter sonstigen Bedingungen durch einen anderen anpflanzen oder behandeln läßt.

Die festgestellten Steuerbeträge sind, sofern sie 10 Mark nicht übersteigen, bis zum 1. Oktober des Erntejahrs, andernfalls bis zum 15. Juli des auf das Erntejahr folgenden Jahres einzuzahlen. Ein Erlaß der Steuer soll eintreten, wenn durch Mißwachs oder andere Unglücksfälle, welche außerhalb des gewöhnlichen Witterungswechsels liegen, die Ernte ganz oder zu einem größeren Teile verdorben ist. Desgleichen kann ein entsprechender Steuererlaß gewährt werden, wenn der noch im ganzen bei dem Tabakpflanzer vorhandene Tabakgewinn vor dem vorbezeichneten Fälligkeitstermine ganz oder teilweise erweislich durch Feuerschaden zerstört ist.

Die Bedingungen und das Verfahren für diesen Erlaß werden von dem Bundesrate festgestellt.

§ 35.

Ausnahmsweise kann die Steuerbehörde auch für Tabakpflanzungen auf Grundstücken von 4 Ar oder mehr Flächeninhalt, wenn die Gesamtfläche der Pflanzungen auf solchen Grundstücken innerhalb derselben Gemarkung im Vorjahr 2 Hektar nicht überstiegen hat und die örtlichen Verhältnisse nach ihrem Ermessen für die Durchführung der Vorschriften in den §§ 15 bis 24 nicht geeignet sind, die Besteuerung nach dem Flächenraum (§ 33) oder eine Fixation der Gewichtsteuer (§ 11) in der Weise anordnen, daß Menge und Gewicht des zu versteuernden Tabaks, vorbehaltlich der Berücksichtigung einer durch Unglücksfälle herbeigeführten Verminderung des Erntegewinns, nach Verhältnis des Flächeninhalts der Pflanzung und nach dem Durchschnittsertrage sich bestimmen, welcher in dem betreffenden Jahre in anderen Gemarkungen nach dem Ergebnis der Verwiegung erzielt wird.

Die hierbei zu beobachtenden allgemeinen Vorschriften erläßt der Bundesrat.

§ 36.

Die in das Ermessen der Steuerbehörde gestellten Anordnungen, welche die Art und Weise der Besteuerung bedingen (§ 33 und § 35), sind zeitig und für diejenigen Ortschaften, in denen im Vorjahr steuerpflichtiger Tabakbau betrieben ist, womöglich bis zum 15. April des Erntejahrs, jedenfalls aber, sowie für andere Ortschaften innerhalb vierzehn Tagen nach der Anmeldung (§ 12) zu erlassen.

§ 37.

Verwendung von Tabaksurrogaten.

Die Verwendung von Tabaksurrogaten bei der Herstellung von Tabakfabrikaten ist verboten.

Ausnahmen hiervon kann der Bundesrat gestatten und dabei über die nötigen Kontrollen sowie über die bei der Verwendung von Surrogaten zu entrichtenden Abgaben Bestimmung treffen.

Dem Reichstag sind die Bestimmungen über die Höhe dieser Abgaben, sofern er versammelt ist, sofort, andernfalls bei dessen nächstem Zusammentreten vorzulegen. Dieselben sind außer Kraft zu setzen, soweit der Reichstag dies verlangt.

§ 38.

Die Steuerverwaltung ist befugt, behufs Überwachung des im § 37 ausgesprochenen Verbots Proben der einzelnen Tabakfabrikate bei den Fabrikanten und Händlern während der üblichen Geschäftsstunden oder während die Räumlichkeiten dem Verkehre geöffnet sind, entnehmen zu lassen und über den Bezug der betreffenden Fabrikate genauen Aufschluß zu verlangen.

§ 39.

Verjährung der Abgabe.

Alle Forderungen und Nachforderungen an Tabaksteuer, desgleichen die Ansprüche auf Ersatz wegen zuviel oder zur Ungebühr entrichteter Steuer verjähren binnen Jahresfrist von dem Tage des Eintritts der Zahlungsverpflichtung beziehungsweise der Zahlung an gerechnet.

Auf das Regreßverhältnis des Staates gegen die Steuerbeamten und auf die Nachforderung hinterzogener Tabaksteuer findet diese Verjährungsfrist keine Anwendung.

§ 40.

Vergütung der Abgaben bei Versendung in das Ausland.

Bei der Ausfuhr von Tabak und Tabakerzeugnissen oder bei ihrer Niederlegung in einer öffentlichen Niederlage oder in einem unter amtlichem Mitverschlusse stehenden Privatlager wird eine Abgabenvergütung nach Bestimmung des Bundesrats gewährt.

Bei der Ausfuhr von grünen Blättern, von Geizen, Tabakstengeln und Abfällen wird keine Vergütung gewährt.

§ 41.

Strafbestimmungen. Begriff der Steuerdefraudation.

Wer es unternimmt, die nach diesem Gesetze von dem innerhalb des Zollgebiets erzeugten Tabak oder einer inländischen Tabakpflanzung zu entrichtende Steuer zu hinterziehen, begeht eine Defraudation.

Der Tabaksteuerdefraudation macht sich insbesondere schuldig:

1. wer es unterläßt, die im § 12 und im ersten Absatz des § 34 vorgeschriebene Anmeldung hinsichtlich aller oder einzelner mit Tabak bepflanzten Grundstücke rechtzeitig zu bewirken;

2. wer die gesetzliche Verpflichtung, der Gewichtsteuer (§ 11) unterliegenden Tabak zur amtlichen Verwiegung zu stellen, nicht rechtzeitig erfüllt.

§ 42.

Der Defraudation der nach Maßgabe des Gewichts zu entrichtenden Tabaksteuer (§ 11) wird gleichgeachtet:

1. wenn im Falle des § 18 Ziffer 1 bei der amtlichen Erhebung des durch Unglücksfall entstandenen Verlustes die vorhandene Menge des erzeugten Tabaks nicht vollständig angezeigt wird;
2. wenn der Tabakpflanzer vor der amtlichen Verwiegung sich des Besitzes des gewonnenen Tabaks oder eines Teiles davon ohne Genehmigung der Steuerbehörde (§ 20) entäußert;
3. wenn vor dem im § 32 Ziffer 4 bestimmten Zeitpunkt Tabakblätter ohne die vorgeschriebene Anzeige eingesammelt oder die eingesammelten Blätter der vorgeschriebenen Feststellung der Menge derselben entzogen werden;
4. wenn über inländischen, zur Ausfuhr über die Zollgrenze amtlich abgefertigten Tabak vor bewirkter Ausfuhr eigenmächtig verfügt wird (§§ 20, 25);
5. wenn nach dem im § 32 Ziffer 7 bezeichneten Zeitpunkt eine Nachernte ohne vorherige Genehmigung erzielt oder der durch die Nachernte gewonnene Tabak der vorgeschriebenen Versteuerung ganz oder teilweise entzogen wird;
6. wenn unversteuerter inländischer Tabak ohne vorschriftsmäßige Abmeldung aus der Niederlage entfernt wird, sofern in diesem Falle nicht die Strafe der Zolldefraudation eintritt.

§ 43.

Strafe der Defraudation.

Die Tabaksteuerdefraudation (§§ 41 und 42) wird mit einer Geldstrafe, welche dem vierfachen Betrage der vorenthaltenen Abgabe gleichkommt, bestraft.

Die Steuer ist von der Strafe unabhängig zu entrichten.

Wird bei Verfolgung einer Gewichtsteuerdefraude ermittelt, daß das Grundstück, auf welchem der betreffende Tabak erzeugt worden, nicht angemeldet ist (§ 41 Ziffer 1), so soll gegen denselben Täter die Defraudationsstrafe nur einmal, und zwar nach demjenigen Tatbestande, welcher die höhere Strafe nach sich zieht, festgesetzt werden. Wird nachgewiesen, daß der Beschuldigte eine Defraudation nicht habe verüben können, oder daß eine solche nicht beabsichtigt gewesen sei, so findet nur eine Ordnungsstrafe nach Vorschrift des § 49 statt.

Dasselbe gilt, wenn ein mit Tabak bepflanztes Grundstück zwar rechtzeitig angemeldet (§ 41 Abs. 2 Nr. 1), die Größe desselben aber nicht angegeben oder dergestalt unrichtig angegeben ist, daß das verschwiegene Flächenmaß bei Grundstücken von 20 bis 40 Ar Fläche zwei Ar, bei kleineren Grundstücken den zehnten und bei Grundstücken von mehr als 40 Ar den zwanzigsten Teil der Fläche übersteigt. Bei geringeren Unterschieden zwischen der Angabe und dem Befunde findet eine Bestrafung nicht statt.

§ 44.

Der Steuerbetrag, nach welchem die Strafe zu bemessen, bestimmt sich:

1. bei einer Defraudation der im § 41 Ziffer 1 bezeichneten Art in allen Fällen nach dem im § 33 für die Steuer nach dem Flächenraume festgesetzten Steuersatze, auch wenn der auf dem nicht angemeldeten Grundstück erzeugte Tabak der Gewichtsteuer unterliegt; letzterenfalls wird jedoch der nach dem Flächenraume berechnete Steuerbetrag außer der Strafe nicht entrichtet;
2. bei Defraudationen anderer Art nach Menge und Gewicht des Tabaks, welcher nicht rechtzeitig zur amtlichen Verwiegung gestellt (§ 41 Ziffer 2) beziehungsweise welcher Gegenstand der den Tatbestand der Defraudation (§ 42) bildenden Handlung oder Unterlassung ist.

Insofern es behufs Feststellung des vorenthaltenen Steuerbetrags erforderlich wird, die Menge des auf einem oder mehreren Grundstücken erzeugten Tabaks zu bestimmen, wird in Ermangelung anderweiter genügender Grundlagen der höchste Ertrag, welcher in dem betreffenden Jahre für eine Tabakpflanzung in derselben oder der nächstgelegenen Gemarkung ermittelt ist, nach Verhältnis des Flächenraums als maßgebend angenommen. Imgleichen wird, sofern die Ermittelung des Gewichts nicht anders erfolgen kann, das höchste durchschnittliche Gewicht, welches für den Ertrag einer Pflanzung in derselben oder der nächstgelegenen Gemarkung durch amtliche Verwiegung festgestellt ist, zum Grunde gelegt.

§ 45.

Kann der Betrag der vorenthaltenen Steuer überhaupt nicht festgestellt werden, so tritt statt des vierfachen Betrags der Steuer eine Geldstrafe von dreißig bis zu dreitausend Mark ein.

Der gleichen Geldstrafe unterliegt, wer dem im § 37 ausgesprochenen Verbote zuwiderhandelt.

§ 46.

Im Falle der Wiederholung der Defraudation nach vorhergegangener Bestrafung wird die Strafe auf den achtfachen Betrag der vorenthaltenen Steuer bestimmt.

Jeder fernere Rückfall zieht Gefängnisstrafe bis zu zwei Jahren nach sich, doch kann nach richterlichem Ermessen mit Berücksichtigung aller Umstände der Zuwiderhandlung und der vorausgegangenen Fälle auf Haft oder auf Geldstrafe nicht unter dem doppelten der für den ersten Rückfall bestimmten Geldstrafe erkannt werden.

§ 47.

Wer es unternimmt, eine Zoll- oder Steuervergütung (§ 40) zu gewinnen, welche überhaupt nicht oder nur zu einem geringeren Vergütungssatz oder für eine geringere Menge zu beanspruchen war, hat eine dem vierfachen des zur Ungebühr beanspruchten Vergütungsbetrags gleichkommende Geldstrafe verwirkt.

Im Falle der Wiederholung nach vorhergegangener Bestrafung wird die Geldstrafe auf das achtfache des zur Ungebühr beanspruchten Vergütungsbetrags erhöht. Hinsichtlich der Bestrafung des ferneren Rückfalls kommt die Bestimmung im zweiten Absatze des § 46 zur Anwendung.

§ 48.

Die Straferhöhung wegen Rückfalls (§§ 46, 47) tritt ein ohne Rücksicht darauf, ob die frühere Bestrafung in demselben oder in einem anderen Bundesstaat erfolgt ist. Sie ist verwirkt, auch wenn die früheren Strafen nur teilweise verbüßt oder ganz oder teilweise erlassen sind.

Dieselbe ist dagegen ausgeschlossen, wenn seit der Verbüßung oder dem Erlasse der letzten Strafen bis zur Begehung der neuen Defraudation drei Jahre verflossen sind.

Teilnehmer einer Defraudation unterliegen der Straferhöhung wegen Rückfalls nur insoweit, als sie sich selbst eines Rückfalls schuldig gemacht haben.

§ 49.

Ordnungsstrafen.

Die Übertretung der Bestimmungen dieses Gesetzes, sowie der dazu erlassenen Verwaltungsvorschriften wird, sofern nicht die Defraudationsstrafe oder eine der im § 45 Abs. 2 und § 47 vorgeschriebenen Strafen verwirkt ist, mit einer Ordnungsstrafe bis zu einhundertundfünfzig Mark geahndet.

Unbeschadet der verwirkten Ordnungsstrafen kann die Steuerbehörde die Beobachtung der Vorschriften im § 32 Ziffer 1 bis 3, 5 und 7 über die Behandlung der Tabakpflanzungen und im § 22 über die Verpackung des Tabaks durch Androhung und Einziehung von exekutivischen Geldstrafen bis zu dreihundert Mark erzwingen, auch das zur Erledigung Nötige auf Kosten des Säumigen beschaffen.

§ 50.

Mit Ordnungsstrafe (§ 49) wird ferner belegt:

1. wer einem zur Wahrnehmung des Steuerinteresses verpflichteten Beamten oder dessen Angehörigen wegen einer auf die Erhebung oder Kontrollierung der Tabaksteuer bezüglichen amtlichen Handlung oder Unterlassung einer solchen Geschenke oder andere Vorteile anbietet, verspricht oder gewährt, sofern nicht der Tatbestand der Bestechung (§ 333 des Strafgesetzbuchs) vorliegt;

2. wer sich Handlungen oder Unterlassungen zuschulden kommen läßt, durch welche ein solcher Beamter an der rechtmäßigen Ausübung seines Amtes in bezug auf die Tabaksteuer verhindert wird, sofern nicht der Tatbestand der strafbaren Widersetzlichkeit (§ 113 des Strafgesetzbuchs) vorliegt.

§ 51.

Zusammentreffen mehrerer Zuwiderhandlungen gegen die Gesetze.

Treffen mit einer Zuwiderhandlung gegen die Bestimmungen dieses Gesetzes andere strafbare Handlungen zusammen, oder ist mit der Defraudation zugleich eine Verletzung besonderer Vorschriften dieses Gesetzes verbunden, so finden die Bestimmungen des Strafgesetzbuchs (§§ 74 bis 78) Anwendung.

Im Falle mehrerer oder wiederholter Zuwiderhandlungen gegen dieses Gesetz, welche nur mit Ordnungsstrafe bedroht sind, soll, wenn die Zuwiderhandlungen derselben Art sind und gleichzeitig entdeckt werden, die Ordnungsstrafe gegen denselben Täter, sowie gegen mehrere Teilnehmer zusammen nur im einmaligen Betrage festgesetzt werden.

§ 52.

Vertretungsverbindlichkeit für verwirkte Geldstrafen.

Tabakpflanzer und diejenigen, auf welche die gesetzlichen Verpflichtungen des Tabakpflanzers übergegangen sind (§§ 14, 20), sowie Tabakhändler, Kommissionäre, Makler und Fabrikanten haben für die von ihren Verwaltern, Gehilfen, Ehegatten, Kindern, Gesinde und sonst in ihrem Dienste oder Tagelohne stehenden oder sich gewöhnlich bei der Familie aufhaltenden Personen nach diesem Gesetze verwirkten Geldstrafen sowie für die Steuer und entstandenen Prozeßkosten subsidiarisch zu haften. Wird nachgewiesen, daß die Zuwiderhandlung ohne ihr Wissen verübt worden, so haften sie nur für die Steuer.

Tabakpflanzer und diejenigen, auf welche die gesetzlichen Verpflichtungen des Tabakpflanzers übergegangen sind, haften bezüglich des von ihnen zur Verwiegung zu stellenden Tabaks in allen Fällen für die Steuer, welche infolge einer unerlaubten Handlung oder Unterlassung der bezeichneten, von ihnen zu vertretenden Personen vorenthalten ist, sofern dieselbe von dem eigentlichen Schuldigen nicht beigetrieben werden kann.

§ 53.

Umwandlung der Geld- in Freiheitsstrafen.

Die Umwandlung der nicht beizutreibenden Geldstrafen in Freiheitsstrafen erfolgt gemäß §§ 28 und 29 des Strafgesetzbuchs; jedoch darf die Freiheitsstrafe im ersten Falle der Defraudation sechs Monate, im ersten Rückfall ein Jahr, im ferneren Rückfall zwei Jahre nicht überschreiten.

§ 54.

Verjährung.

Die Strafverfolgung von Defraudationen gegen die Tabaksteuer und von Zuwiderhandlungen gegen die Bestimmungen der §§ 37 und 47 dieses Gesetzes verjährt in drei Jahren, die Strafverfolgung von Zuwiderhandlungen gegen dieses Gesetz, welche mit Ordnungsstrafen bedroht sind, in einem Jahre, von dem Tage an gerechnet, an welchem sie begangen sind.

Der Anspruch auf Nachzahlung defraudierter Gefälle erlischt in drei Jahren.

§ 55.

In betreff der Feststellung, Untersuchung und Entscheidung der Zuwiderhandlungen gegen die Bestimmungen dieses Gesetzes und die dazu erlassenen Verwaltungsvorschriften, sowie in betreff der Strafmilderung und des Erlasses der Strafe im Gnadenwege kommen die Vorschriften zur Anwendung, nach welchen sich das Verfahren wegen Zuwiderhandlungen gegen die Zollgesetze bestimmt.

Die nach den Vorschriften dieses Gesetzes verwirkten Geldstrafen fallen dem Fiskus desjenigen Staates zu, von dessen Behörden die Strafentscheidung erlassen ist.

§ 56.

Jede, von einer nach § 55 zuständigen Behörde wegen einer Zuwiderhandlung gegen die Bestimmungen dieses Gesetzes oder die dazu erlassenen Verwaltungsvorschriften einzuleitende Untersuchung und zu erlassende Strafentscheidung kann auch auf diejenigen Teilnehmer, welche anderen Bundesstaaten angehören, ausgedehnt werden.

Die Strafvollstreckung ist nötigenfalls durch Requisition der zuständigen Behörden und Beamten desjenigen Staates zu bewirken, in dessen Gebiete die Vollstreckungsmaßregel zur Ausführung kommen soll.

Die Behörden und Beamten der Bundesstaaten sollen sich gegenseitig tätig und ohne Verzug den verlangten Beistand in allen gesetzlichen Maßregeln leisten, welche zur Entdeckung oder Bestrafung der Zuwiderhandlungen gegen dieses Gesetz dienlich sind.

. . . .

Bundesratsbeschluß
vom 23. Mai 1912.

(Zentralblatt für das Deutsche Reich Seite 433.)

Der Bundesrat hat in seiner Sitzung vom 23. Mai 1912 beschlossen:

1. Die Bekanntmachung und die Dienstvorschriften, betreffend die Besteuerung des Tabaks, vom 25. März und 29. Mai 1880 sowie die Ausführungsbestimmungen vom 29. Juni 1910 zu § 26 des Tabaksteuergesetzes, ferner die Regulative vom 29. Mai und 16. Juni 1880, betreffend die Niederlagen für unversteuerten inländischen Tabak und betreffend die Kreditierung der Tabakgewichtssteuer, sowie die Vorschriften über Verwendung von Tabaksurrogaten vom 27. November 1879 treten mit dem 30. Juni 1912 außer Kraft. An ihre Stelle tritt vom gleichen Zeitpunkt ab die anliegende Tabaksteuerordnung nebst ihren Anlagen A (Tabaklagerordnung), B (Tabaksteuer-Stundungsordnung) und C (Tabakersatzstoff-Ordnung).

2. . . . .

3. . . . .

Tabaksteuerordnung.

Einteilung.

Tabaksteuerordnung.

Zu den §§ 11, 33, 35 und 36 des Gesetzes.

§ 1.

A. Allgemeine Vorschriften. Besteuerungsarten.

(1) Die Steuer für den innerhalb des Zollgebiets erzeugten Tabak wird entweder nach dem Gewicht oder nach dem Flächenraum erhoben. Bei letzterer Besteuerungsart ist zu unterscheiden zwischen der reinen Flächensteuer (§ 33 Abs. 1 des Gesetzes) und der Besteuerung nach dem Flächenraum unter Zugrundelegung eines Durchschnittsertrags (Steuerabfindung, § 35 des Gesetzes). Pflanzungen auf Grundstücken von weniger als 4 a Flächeninhalt unterliegen der Besteuerung nach dem Flächenraume, Pflanzungen von 4 a oder mehr der Gewichtsteuer. Jedoch kann nach dem Ermessen der Steuerbehörde die Gewichtsteuer auch auf Pflanzungen von weniger als 4 a angewendet werden und für Pflanzungen von 4 a oder mehr Inhalt ausnahmsweise die Besteuerung nach dem Flächenraum eintreten.

(2) Die in das Ermessen der Steuerbehörde gestellten Anordnungen über die Art und Weise der Besteuerung (§ 33 Abs. 2, § 35 des Gesetzes) trifft nach Anweisung des Hauptamtsleiters der Oberkontrolleur, der hierbei die mit der Festsetzung und Erhebung der Gewichtsteuer verknüpften Schwierigkeiten und Kosten zu berücksichtigen hat.

(3) Die Besteuerung nach dem Flächenraume neben der Erhebung der Gewichtsteuer in derselben Gemarkung ist tunlichst zu vermeiden. Werden in einer Gemarkung, in der Gewichtsteuer zu erheben ist, Grundstücke von weniger als 4 a Flächeninhalt mit Tabak bepflanzt, so sind sie in der Regel der Gewichtsteuer zu unterwerfen. Es empfiehlt sich ferner, Grundstücke von weniger als 4 a zur Gewichtsteuer heranzuziehen, wenn ihr Pflanzer in einer angrenzenden Gemarkung der

Gewichtsteuer unterliegende Grundstücke mit Tabak bepflanzt hat, wenn größere Pflanzungen absichtlich in Abschnitte von weniger als 4 a zerlegt werden, oder wenn der gewöhnliche Ertrag kleiner Pflanzungen 1000 kg gegorener verarbeitungsreifer Blätter für ein Hektar erheblich zu übersteigen pflegt.

(4) Grundstücke von 4 a und mehr Flächeninhalt werden nur dann nach dem Flächenraume besteuert, wenn es sich um einen vereinzelt vorkommenden Tabakbau handelt. Für die Entscheidung, ob in derartigen Fällen die reine Flächensteuer oder die Steuerabfindung anzuwenden ist, gilt als Regel, daß Grundstücke, deren Lage und Bodenbeschaffenheit besonders günstige Erträge erwarten lassen, der Steuerabfindung zu unterwerfen sind. Diese Regel gilt nicht, wenn wegen der örtlichen Verhältnisse der bei der Abfindung zugrunde zu legende Durchschnittsertrag, der sich in demselben Erntejahre für andere Gemarkungen ergibt, besonders schwierig zu ermitteln ist.

(5) Die Entscheidung über die Besteuerungsart wird von der Amtsstelle der Gemeindebehörde mitgeteilt und von dieser, möglichst bis zum 15. April, in ortsüblicher Weise bekanntgemacht, wenn in der Gemeinde schon vorher Tabak gebaut worden ist. Andernfalls werden die einzelnen Pflanzer durch Vermittelung der Gemeindebehörde von der Entscheidung innerhalb 14 Tagen nach der Anmeldung (§ 4) benachrichtigt.

(6) Das Erntejahr umfaßt die Zeit vom 1. Juli bis zum 30. Juni.

§ 2.

Steuersätze.

(1) Die Gewichtsteuer (§ 11 Abs. 2 des Gesetzes) beträgt für

a) Grumpen, d. h. die schon auf dem Felde abgestorbenen untersten Tabakblätter, die nicht aufgeschnürt und nicht zum Trocknen aufgehängt werden, . . . 45 *M*,

b) Tabakblätter, die zur Herstellung von zigarettensteuerpflichtigen Erzeugnissen verwendet werden, ... 45 »

c) sonstige Tabakblätter . . . . 57 »

berechnet für den Doppelzentner Tabak in gegorenem oder getrocknetem, verarbeitungsreifem Zustand.

(2) Die Flächensteuer (§ 33 Abs. 1 des Gesetzes) beträgt für das Geviertmeter der mit Tabak bepflanzten Fläche 5,7 Pfennig, im ganzen aber mindestens 50 Pfennig.

(3) Tabakblätter dürfen zum Steuersatze von 45 *M* (Abs. 1b) nur an Inhaber von Betrieben zur Herstellung zigarettensteuerpflichtiger Erzeugnisse abgelassen werden. Der Bezieher hat sich schriftlich zu verpflichten, die Tabakblätter nach der Versteuerung in seinen nach Art, Ort und Hebebezirk genau zu bezeichnenden Betrieb überzuführen und dort nur zu Zigaretten oder Zigarettentabak zu verarbeiten (§§ 45 ff.). Die Amtsstelle ist befugt, bei der Ablassung die Vorlegung der Bescheinigung über die Berechtigung zum Bezuge steuerbegünstigter Tabakblätter zu fordern (§ 5 des Gesetzes).

(4) Werden unbearbeitete Tabakblätter, die sich nach Versteuerung zum Satze von 57 *M* im freien Verkehre befinden, nach amtlicher Abfertigung in einen ausschließlich zur Herstellung zigarettensteuerpflichtiger Erzeugnisse bestimmten Betrieb gebracht, so kann vom Hauptamt eine Vergütung von 12 *M*, für ungegorene Tabakblätter von 9,60 *M*, für den Doppelzentner gewährt werden, wenn sie nachweislich auf Zigaretten oder Zigarettentabak verarbeitet werden. Für Abfälle von Tabakblättern gilt diese Vergünstigung nicht. Die vergüteten Beträge werden als Erstattungen auf Tabaksteuer verrechnet.

§ 3.

Steuerbefreiung.

(1) Tabaksteuer wird nicht erhoben

a) für Tabakpflanzen in botanischen und anderen Gärten zu Unterrichtszwecken, wenn die Pflanzung nicht mehr als 30 qm Flächeninhalt hat und der Tabak nach der Erklärung der Aufsichtsbehörde des Gartens nicht zum Genusse, sondern lediglich zu wissenschaftlichen Zwecken verwendet wird;

b) wenn auf einer Besitzung nicht mehr als 50 Tabakpflanzen nur zu Zierzwecken gepflanzt werden und diese Bestimmung der Pflanzen aus der Art der Benutzung des Grundstücks sowie aus dem Verhältnis der mit Tabak bepflanzten Fläche zur Gesamtfläche des Grundstücks unzweifelhaft hervorgeht.

(2) Pflanzungen der unter b bezeichneten Art sind von der Anmeldung (§ 4) befreit. Für die unter a bezeichneten Pflanzungen kann das Hauptamt widerruflich von der alljährlichen Anmeldung absehen.

Zu den §§ 12, 13 und 34 des Gesetzes.

§ 4.

Anmeldung der Pflanzungen.

Muster 1.

(1) Die mit Tabak bepflanzten Grundstücke sind der Amtsstelle spätestens bis zum Ablauf des 15. Juli mit Fluranmeldungen nach Muster 1 anzumelden. Für Grundstücke, die nach diesem Zeitpunkt bepflanzt werden, hat die Anmeldung spätestens am dritten Tage nach dem Beginne der Bepflanzung zu erfolgen. Die Vordrucke zu den Anmeldungen werden den Gemeindebehörden von den Amtsstellen unentgeltlich geliefert. Über die Anmeldung erteilt das Amt dem Pflanzer auf Verlangen eine Bescheinigung.

Muster 2.

(2) Die Fluranmeldungen werden vom Amte, nachdem der Eingangstag darauf vermerkt ist, in ein Tabakflurbuch eingetragen, das nach näherer Bestimmung der Direktivbehörde nach dem Vorbild des Musters 2 zu führen und für jede Tabak bauende Gemeinde als besonderes Heft anzulegen ist. Nötigenfalls ist dazu ein nach der Buchstabenfolge geordnetes Verzeichnis der Pflanzer aufzustellen.

(3) Anmeldungen über Grundstücke, für die noch nicht feststeht, ob sie der Gewichtsteuer oder der Besteuerung nach dem Flächenraum unterworfen werden (§ 1), sind dem Oberkontrolleur zur Wahrung der im § 36 des Gesetzes vorgesehenen Frist sofort zu übergeben. Die übrigen Anmeldungen werden ihm spätestens bis zum 31. Juli des Erntejahrs mit den Flurbüchern zugestellt. Nach diesem Zeitpunkt etwa noch eingehende Anmeldungen hat das Amt dem Oberkontrolleur alsbald zu übersenden.

§ 5.

Prüfung des angemeldeten Flächeninhalts.

(1) Die Angaben in den Anmeldungen werden durch den Oberkontrolleur oder einen damit besonders beauftragten Beamten geprüft. Dies kann, wenn die Besteuerung nicht nach dem Flächenraum erfolgt, nach näherer Anordnung des Hauptamtsleiters probeweise geschehen. An Stelle der steueramtlichen Vermessung kann bei Grundstücken, die vollständig mit Tabak bepflanzt sind, die Vergleichung der Anmeldungen mit den Büchern oder Buchauszügen der Vermessungsbehörden treten.

(2) Der Zeitpunkt der Prüfung wird vom Oberkontrolleur bestimmt und der Gemeindebehörde mitgeteilt, die den Tabakpflanzer zur Teilnahme an der Prüfung aufzufordern hat. Folgt der Pflanzer dieser Aufforderung nicht, so braucht deshalb die Prüfung nicht aufgeschoben zu werden.

Soweit erforderlich, wird bei der Prüfung ein zur Auskunfterteilung geeigneter Ortseinwohner zugezogen, der auf Antrag des Beamten von der Gemeindebehörde zu bezeichnen ist. Der Flächeninhalt von Pflanzungen, die der Gewichtsteuer unterliegen, kann bei der amtlichen Festsetzung der Tabaksollmenge (§§ 8 ff.) ermittelt werden.

(3) Dem Tabakpflanzer ist es gestattet, die Anmeldungen bis zum Beginne der Prüfung in der betreffenden Gemeinde zu berichtigen.

(4) Ergibt sich bei der Prüfung, daß die Anmeldung unrichtige Angaben enthält, die nach § 43 Abs. 4 des Gesetzes mit Strafe bedroht sind, oder daß ein mit Tabak bepflanztes Grundstück überhaupt nicht angemeldet worden ist, so wird von dem Prüfungsbeamten eine Verhandlung über den Sachverhalt aufgenommen. Dabei ist ein Vertreter der Gemeindebehörde zuzuziehen, wenn der Befund von dem Pflanzer nicht sofort als richtig anerkannt wird.

§ 6.

(1) Der Prüfungsbefund wird in die Fluranmeldung eingetragen. Dabei sind Bruchteile eines Geviertmeters wegzulassen.

(2) Anmeldungen über Grundstücke, bei denen die reine Flächensteuer oder die Steuerabfindung angewendet werden soll (§§ 53 bis 55), gibt der Oberkontrolleur nach Ermittelung des Flächeninhalts, und nachdem er die Art der Besteuerung in der Anmeldung und im Flurbuch vermerkt hat, dem Amte zurück. Sind auf derartigen Grundstücken andere Bodengewächse nachgebaut, so gibt der Vermessungsbeamte in der Anmeldung an, welche Fläche gemäß § 53 Abs. 2 zu besteuern ist.

Zu § 14 des Gesetzes.

§ 7.

B. Gewichtsteuer.

Besitzwechsel vor der Ernte.

(1) Tritt nach der Anmeldung der Tabakpflanzungen und vor Beendigung der Ernte ein Wechsel in der Person des Inhabers ein, so wird dies auf Grund der schriftlichen Anzeige, die binnen drei Tagen vom neuen Inhaber — bei freiwilliger Veräußerung unter Mitunterschrift des Veräußerers — der Amtsstelle zu erstatten ist, in der Fluranmeldung und dem Flurbuch vermerkt. Wenn infolge des Besitzwechsels die in einer Anmeldung aufgeführten

Grundstücke verschiedene Inhaber erhalten haben, wird für jeden neuen Besitzer ein Auszug aus der Anmeldung angefertigt. Die Auszüge erhalten dieselbe Nummer wie die ursprüngliche Anmeldung und sind durch Buchstaben zu unterscheiden. Sie werden mit der Anzeige der ursprünglichen Anmeldung beigefügt.

(2) Geht die Anzeige erst nach Übergabe der Anmeldungen an den Oberkontrolleur ein, so wird sie diesem zur weiteren Veranlassung gemäß Abs. 1 alsbald zugestellt.

Zu den §§ 15 bis 17 des Gesetzes.

§ 8.

Festsetzung der Tabaksollmenge.
1. Entscheidung über die Art der Festsetzung.

(1) Das Hauptamt entscheidet, ob die Sollmenge an Tabak, d. i. die Menge, die der Pflanzer mindestens zur Verwiegung zu stellen hat (§ 15 des Gesetzes), nach der Blätterzahl oder nach dem Gewichte festzusetzen ist. Es bestimmt ferner, ob und in welchen Gemarkungen an Stelle der amtlichen Festsetzung der Sollmenge die Selbsteinschätzung der Pflanzer durch verbindliche Erklärungen gemäß § 17 des Gesetzes tritt. Bei Pflanzungen, für die das sogenannte amerikanische Ernteverfahren zugelassen ist (§ 50), wird die Sollmenge an Pflanzenstengeln nach ihrer Stückzahl festgesetzt, und zwar im Anschluß an die Ermittelungen gemäß § 9 oder § 10.

(2) Der Oberkontrolleur bestimmt nach dem Stande der Tabakpflanzungen in seinem Bezirke für jede Gemeinde den Beginn der Festsetzung der Tabaksollmenge derart, daß ein Einsammeln von Tabakblättern vor der Festsetzung (§ 49) tunlichst vermieden wird. Auch sorgt er dafür, daß dieser Zeitpunkt der Gemeindebehörde und durch diese den Tabakpflanzern rechtzeitig bekanntgemacht wird.

§ 9.

2. Festsetzung nach der Blätterzahl.

(1) Die Festsetzung der Sollmenge nach der Blätterzahl erfolgt durch den Oberkontrolleur oder einen damit besonders beauftragten Beamten. Dabei ist ein zweiter Beamter und ein Vertreter der Gemeindebehörde zuzuziehen, dessen Bezeichnung der Oberkontrolleur rechtzeitig beantragt.

(2) Zur Ermittelung der Blätterzahl wird zunächst die Gesamtzahl der Pflanzen aus der Zahl der Reihen und der

Pflanzen in der Reihe (§ 32 Ziffer 1 des Gesetzes) möglichst genau festgestellt. Sodann werden an einer der Größe des Grundstücks entsprechenden Zahl von Pflanzen auf verschiedenen Stellen des Grundstücks die Blätter gezählt. Aus dem hundertfachen Betrage der gezählten Blätter, geteilt durch die Zahl der ausgewählten Pflanzen, ergibt sich die durchschnittliche Blätterzahl von 100 Pflanzen. Aus dieser Zahl und der ermittelten Gesamtzahl der Pflanzen wird die Sollmenge an Blättern berechnet.

(3) Die Grumpen (§ 2 Abs. 1 a) werden nicht mitgezählt, wohl aber die Sandblätter, d. h. die Tabakblätter, die zur Zeit des Brechens nicht mehr grün sind, aber noch aufgeschnürt und zum Trocknen aufgehängt werden.

§ 10.

3. Festsetzung nach dem Gewichte.

(1) Zur Festsetzung der Sollmenge nach dem Gewichte veranlaßt der Oberkontrolleur rechtzeitig bei der Gemeindebehörde die Ernennung eines Sachverständigen für den Schätzungsausschuß. Der zweite Sachverständige wird vom Oberkontrolleur, oder wenn in seinem Bezirk ein geeigneter Sachverständiger nicht vorhanden ist, vom Hauptamt ernannt, nötigenfalls durch Vermittlung eines benachbarten Hauptamts.

(2) Der Schätzungsausschuß schätzt den Ertrag jedes einzelnen Grundstücks an Ort und Stelle unter Berücksichtigung der besonderen Verhältnisse der Pflanzung, der Witterung des Jahres und auf Grund der Erfahrungen in den Vorjahren. Die Schätzung ist auf den Ertrag an dachreifem, trockenem Tabak zu richten ohne Rücksicht auf Bruch und Abfall während oder nach der Ernte oder auf etwa zu erwartende Dachfäule. Die Sandblätter und Grumpen sind in den zu schätzenden Ertrag einzurechnen.

(3) Sind genügende Unterlagen für die Gewichtsabschätzung nicht vorhanden, so wird zur Gewinnung von Anhaltspunkten auf einzelnen, zweckmäßig ausgewählten Grundstücken die Zahl der Pflanzen und die durchschnittliche Blätterzahl ermittelt und danach das Gewicht des Gesamtertrags abgeschätzt.

§ 11.

4. Verbindliche Erklärung über den voraussichtlichen Ernteertrag.

(1) Die Selbsteinschätzung der Pflanzer durch eine verbindliche Erklärung über den voraussichtlichen Ernteertrag (§ 17 des Gesetzes) darf nur dann gefordert werden, wenn

angenommen werden kann, daß auf diese Weise zuverlässige Angaben zu erlangen sind.

(2) Ob von den Pflanzern in den vom Hauptamt bestimmten Gemarkungen (§ 8 Abs. 1) eine verbindliche Erklärung entweder

a) über die Anzahl der Pflanzen und die durchschnittliche Blätterzahl oder

b) über das Gewicht des voraussichtlichen Ernteertrags

zu fordern ist, entscheidet der Oberkontrolleur, der auch darüber zu befinden hat, ob etwa einzelne Pflanzer, bei denen die Voraussetzung des Abs. 1 nicht zutrifft, von der Selbsteinschätzung auszuschließen sind. Dies hat so zeitig zu geschehen, daß im Falle einer Beanstandung der Erklärung noch die amtliche Festsetzung der Sollmenge gemäß den §§ 9 und 10 tunlich ist. Bei dem sogenannten amerikanischen Ernteverfahren (§ 50) hat sich die verbindliche Erklärung auch auf die Zahl der Pflanzenstengel zu erstrecken.

(3) Die Aufforderung wird dem Pflanzer von der Amtsstelle auf einem Vordruck nach Muster 3 übersandt, der binnen einer vom Oberkontrolleur zu bestimmenden Frist von längstens acht, mindestens vier Tagen ausgefüllt zurückzusenden ist. Für die verbindliche Erklärung zu a ist vom Pflanzer die durchschnittliche Blätterzahl gemäß § 9 Abs. 2 und 3 zu ermitteln; für die verbindliche Erklärung zu b hat er das Gewicht des voraussichtlichen Ernteertrags gemäß § 10 Abs. 2 zu schätzen. Hat ein Pflanzer mehrere Grundstücke bepflanzt, so sind die Erklärungen zu b erforderlichenfalls je nach dem Stande der Ernte für die einzelnen Grundstücke besonders zu fordern.

Muster 3.

(4) Die eingegangenen Erklärungen übersendet das Amt, das nötigenfalls über die Absendung der Aufforderungen und ihren Wiedereingang ein Merkbuch führt, dem Oberkontrolleur. Sie werden durch die nach den §§ 9 und 10 mit der amtlichen Festsetzung betrauten Personen geprüft, deren pflichtmäßigem Ermessen es überlassen bleibt, wieweit die Prüfung in jedem einzelnen Falle auszudehnen ist. Findet sich nichts zu erinnern, so gilt die vom Pflanzer angegebene Menge als Sollmenge.

(5) Ist die Erklärung des Pflanzers nicht rechtzeitig eingegangen oder gibt die Prüfung zu Beanstandungen Anlaß, die sich nicht sofort beseitigen lassen, so wird die Sollmenge nach den §§ 9 oder 10 amtlich festgesetzt. Der Pflanzer ist in diesem Falle von der Beanstandung seiner Erklärung zu benachrichtigen.

§ 12.

5. Bekanntmachung des Ergebnisses.

(1) Der Oberkontrolleur oder sein Vertreter trägt die für die einzelnen Grundstücke festgesetzte Sollmenge in das Flurbuch ein, bei den nach der verbindlichen Erklärung angenommenen Mengen mit dem Zusatz »laut Erklärung«. Die mit der Festsetzung betrauten Personen haben die Eintragungen am Schlusse des Flurbuchs durch Namensunterschrift als richtig anzuerkennen.

(2) Die Anmeldungen werden sodann mit dem Flurbuch dem Amte zugestellt, das die Festsetzungen nachprüft. Von der Sollmenge ist den Pflanzern nach näherer Anordnung des Oberkontrolleurs durch schriftliche Benachrichtigung oder durch Offenlegung des Flurbuchs in der Gemeinde Kenntnis zu geben. An Stelle des Flurbuchs kann auch ein amtlich beglaubigter Auszug daraus oder eine Liste über die fortlaufenden Ergebnisse der Schätzung ausgelegt werden. Zeit und Ort der Offenlegung hat die Gemeindebehörde in ortsüblicher Weise bekanntzumachen. Für die schriftliche Benachrichtigung der Pflanzer dient Muster 4 als Vorbild.

Muster 4.

§ 13.

6. Einspruch gegen die Festsetzung.

(1) Einsprüche gegen die Festsetzung der Sollmenge müssen bei der Amtsstelle binnen drei Tagen nach dem Empfange der Benachrichtigung erhoben werden. Wird das Ergebnis der Festsetzung durch Offenlegung in der Gemeinde bekanntgemacht, so ist der Einspruch während der dreitägigen Offenlegungsfrist bei der Gemeindebehörde anzumelden, die den Tag des Einspruchs in dem ausgelegten Schriftstück (§ 12 Abs. 2) vermerkt. Der Einspruch ist bei seiner Anmeldung unter Angabe des Betrags der verlangten Ermäßigung schriftlich zu begründen. Nach Ablauf der Frist bescheinigt die Gemeindebehörde die Offenlegung und stellt das ausgelegte Schriftstück nebst den Einsprüchen der Amtsstelle zu.

(2) Die Einsprüche werden mit dem Flurbuch oder Auszügen daraus dem Oberkontrolleur zugestellt. Dieser kann Einsprüche, die lediglich auf einem Versehen bei der Festsetzung der Sollmenge beruhen und sich durch Benehmen mit den Pflanzern alsbald beseitigen lassen, im Einverständnisse mit den bei der Festsetzung beteiligten Personen selbst erledigen.

§ 14.

7. Entscheidung über Einsprüche.

(1) Den Ausschuß zur Entscheidung über Einsprüche (§ 16 Abs. 5 des Gesetzes) setzt die Direktivbehörde unter Zuweisung seines Dienstbezirkes ein. Der Oberinspektor vereidigt die Sachverständigen und sorgt für das rechtzeitige Zusammentreten des Ausschusses. In eiligen Fällen beruft ihn der vom Oberinspektor beauftragte Oberkontrolleur.

(2) Der Ausschuß entscheidet nach Prüfung an Ort und Stelle. Die Entscheidung wird auf dem vom Pflanzer abgegebenen Antrag vermerkt und von den Ausschußmitgliedern unterzeichnet. Von seiner Entscheidung gibt der Ausschuß dem Tabakpflanzer unter Benutzung von Vordrucken nach Muster 5 Kenntnis.

Muster 5.

(3) Die Flurbücher nebst Belegen werden sodann dem Amte wieder zugestellt, das nötigenfalls die Sollmenge nach der Entscheidung des Ausschusses berichtigt.

(4) Wird der Einspruch unbegründet befunden, so bestimmt das Hauptamt, ob dem Pflanzer die durch die Untersuchung und Entscheidung entstandenen Kosten ganz oder teilweise zur Last zu legen sind.

Zu § 19 des Gesetzes.

§ 15.

Besuch der Trockenraume. Entnahme von Proben.

(1) Den Aufsichtsbeamten steht der Zutritt zu den in der Fluranmeldung und — im Falle des § 19 — in der Anzeige des Erwerbers zu bezeichnenden Aufbewahrungs- und Trockenräumen für den geernteten Tabak sowie die Entnahme von Proben zu. Die Räume sollen in der Regel nur in der Zeit von Sonnenaufgang bis Sonnenuntergang besucht werden.

(2) Die Beamten haben sich hierbei davon zu überzeugen, daß der in den Trockenräumen befindliche Tabak tatsächlich nur getrocknet und nicht etwa einer, wenn auch nur schwachen Gärung unterzogen wird. Sie haben ferner darauf zu achten, daß unversteuerter Tabak nicht ohne Anmeldung und Genehmigung (§ 20 des Gesetzes) aus den Räumen entfernt und nicht in anderen als den angemeldeten Räumen aufbewahrt wird.

(3) Ob und in welchem Umfang Tabakproben zu entnehmen sind, bestimmt der Oberkontrolleur. Die Proben

sind nach seiner Anweisung in Gegenwart des Pflanzers oder eines Vertreters zu kennzeichnen. Sie werden vom Amte aufbewahrt, das ihren Empfang in der Fluranmeldung vermerkt und für ihre Erhaltung in gutem Zustand sorgt. Bei der Verwiegung (§ 28 Abs. 2) werden sie an den Pflanzer zurückgegeben.

Zu den §§ 18 und 20 des Gesetzes.

§ 16.

Verminderung der Sollmenge. 1. Unglücksfälle vor der allgemeinen Verwiegung.

(1) Wird infolge von Unglücksfällen, durch die die Menge des Ernteertrags vor der amtlichen Verwiegung vermindert worden ist, eine Herabsetzung der Sollmenge beansprucht, so ist dies spätestens am vierten Tage nach dem Eintritt des Unglücksfalls der Amtsstelle schriftlich anzumelden. Wenn der Unglücksfall den Tabak auf dem Felde betroffen hat und bei Mißwachs ist die Anzeige in jedem Falle vor vollendeter Ernte zu erstatten. In der Anzeige sind die Grundstücke, auf denen der beschädigte Tabak gewachsen ist, nach Lage und Flächeninhalt zu bezeichnen und Ursache und Tag der Beschädigung sowie die Größe des Verlustes an Blätterzahl oder an Gewicht — je nach der Art der Festsetzung der Sollmenge — anzugeben. Ein etwaiger Anspruch auf Herabsetzung des Steuersatzes wegen Wertverminderung ist in der durch § 36 vorgeschriebenen Weise geltend zu machen.

(2) Das Amt übergibt die Anzeige sofort dem Oberkontrolleur und trifft nötigenfalls Maßnahmen, um eine Verdunkelung des Tatbestandes zu verhindern.

(3) Der Oberkontrolleur ermittelt schleunigst mit einem sachverständigen Vertreter der Gemeindebehörde den Schaden an Ort und Stelle. Der Geschädigte ist zur Teilnahme an der Feststellung aufzufordern. In der Verhandlung über die Ermittelung wird begutachtet, ob und in welchem Umfang der Anspruch auf Minderung der Sollmenge begründet ist. Die Ermittelung ist bei einem auf dem Felde eingetretenen Schaden unmittelbar vor der Ernte zu wiederholen, wenn zu erwarten ist, daß sich die beschädigte Pflanzung bis dahin ganz oder teilweise wieder erholen kann.

(4) Ist ein Teil des geernteten Tabaks vor der Verwiegung durch Feuer vernichtet, so wird, je nach der Art der

Festsetzung der Sollmenge, die Blätterzahl oder das Gewicht des verschont gebliebenen Teiles ermittelt, und in letzterem Falle gleichzeitig abgeschätzt, wie sich das Gewicht des Tabaks in dem Zustand zur Zeit dieser Schätzung zu dem Gewichte verhält, das er in dachreifem, trockenem Zustand haben wird.

(5) Die Sollmenge wird bei einer Beschädigung von Tabakblättern, die sie nicht völlig unbenutzbar macht, nur dann herabgesetzt, wenn die Tabakblätter unter amtlicher Aufsicht vernichtet oder vergällt worden sind.

(6) Erkennt der Oberkontrolleur und der Vertreter der Gemeindebehörde den Anspruch auf Herabsetzung der Sollmenge überhaupt nicht oder nicht in vollem Umfang an, so kann der Geschädigte verlangen, daß auf seine Kosten zwei Sachverständige zugezogen werden, von denen der eine vom Oberkontrolleur, der andere von der Gemeindebehörde gewählt wird. Sie geben ihr Gutachten schriftlich oder in einer vom Oberkontrolleur aufzunehmenden Verhandlung ab.

§ 17.

(1) Nach Abschluß der Ermittelungen werden die Verhandlungen dem Hauptamt vorgelegt, das über den Antrag des Geschädigten auf Herabsetzung der Sollmenge entscheidet. Fällt die Entscheidung zu seinen Gunsten aus, so werden dem Geschädigten die Kosten für die Zuziehung von Sachverständigen (§ 16 Abs. 6) ganz oder teilweise erstattet. Die Höhe des zu erstattenden Betrags bestimmt das Hauptamt.

(2) Die Hebestelle benachrichtigt den Geschädigten von dem Ausfall der Entscheidung und vermerkt die etwa zugestandene Herabsetzung im Flurbuch. Die Entscheidung wird Beleg dazu.

(3) Wird die Anzeige über die Beschädigung nicht fristgemäß vorgelegt, so hat der Pflanzer keinen Anspruch auf Herabsetzung der Sollmenge. Jedoch kann ihm das Hauptamt aus Billigkeitsgründen einen Nachlaß gewähren, wenn die Beschädigung und die Größe des Schadens noch festgestellt werden können. In Zweifelsfällen entscheidet die Direktivbehörde.

§ 18.

2. Abgang an Bruch und Abfall bis zur allgemeinen Verwiegung.

(1) Die festgesetzte Sollmenge wird ferner herabgesetzt für den bis zur amtlichen Verwiegung entstehenden Abgang an Bruch und Abfall. Unter gewöhnlichen Verhältnissen beträg

die Herabsetzung, wenn die Sollmenge nach der Blätterzahl festgesetzt ist, 2 v. H., wenn sie nach Gewicht festgesetzt ist, 1 v. H. Die Hauptämter sind ermächtigt, auf Antrag, insbesondere bei Dachfäule, höhere Abzüge zu gewähren, wenn durch die amtlichen Ermittelungen größere Abgänge nachgewiesen werden. Das Auftreten von Dachfäule hat der Pflanzer der Amtsstelle sofort anzuzeigen.

(2) Der Abzug ist von der Hebestelle im Flurbuch — im Falle des Abs. 1 Satz 3 unter Hinweis auf die Genehmigungsverfügung — einzutragen. Ist die Sollmenge bereits gemäß § 17 herabgesetzt worden, so wird der Abzug von der herabgesetzten Tabakmenge berechnet.

§ 19.

3. Entäußerung vor der allgemeinen Verwiegung.

(1) Will der Pflanzer Tabak vor der allgemeinen Verwiegung veräußern und dem Erwerber übergeben, so hat er die Genehmigung hierzu bei der Amtsstelle schriftlich zu beantragen unter Bezeichnung der Grundstücke, auf denen der Tabak gewachsen ist.

(2) Die Genehmigung wird nur erteilt, wenn der Erwerber die Verpflichtung übernimmt, den Tabak nach der Trocknung bei der ihm bezeichneten Amtsstelle zur Verwiegung vorzuführen (§§ 22 ff.), und wenn er auf Erfordern für die auf dem Tabak ruhende Steuer Sicherheit leistet. Das Amt kann die Genehmigung, wenn der Erwerber selbst Tabakpflanzer ist, an die Bedingung knüpfen, daß er vor der Übernahme des gekauften Tabaks seine eigene Ernte zur Verwiegung vorführt. Der Erwerber hat schriftlich anzuzeigen, welche Mengen an Tabak nach Gewicht und, wenn die Tabakblätter auf Schnüre aufgereiht sind, nach Anzahl der Schnüre er erworben hat, und wo der Tabak bis zur Gestellung zur Verwiegung aufbewahrt werden soll. Der Besitzwechsel wird im Flurbuch vermerkt. Der Antrag des Pflanzers und die Anzeige des Erwerbers werden Beleg zum Flurbuch.

(3) Soll nur ein Teil des Erntegewinns veräußert werden, so hat der Pflanzer in dem Antrag außerdem noch anzugeben, welcher Teil der Sollmenge von dem Erwerber zu vertreten ist. Die veräußerte Tabakmenge wird auf Grund der Angabe der Beteiligten nach der Blätterzahl oder nach dem Gewichte des Tabaks in dachreifem, trockenem Zustand im Flur-

buch von dem Soll des Pflanzers abgeschrieben. Die gleiche Menge wird unter einer neuen Nummer als Soll für den Erwerber vorgetragen.

(4) War die Sollmenge nach der Blätterzahl festgesetzt und sollen die geernteten Grumpen ganz oder teilweise veräußert werden, so ist die zu veräußernde Grumpenmenge zur Verwiegung vorzuführen.

(5) Die Genehmigung zur Veräußerung *ungetrockneter* Grumpen kann die Amtsstelle auch erteilen, wenn der *Pflanzer* selbst sich verpflichtet, sie in ungetrocknetem Zustand zur Verwiegung vorzuführen. Die Genehmigung kann mündlich eingeholt werden.

§ 20.

(1) Für die Verwiegung der Grumpen (§ 19 Abs. 4 und 5) gelten sinngemäß die Bestimmungen in den §§ 27 und 28. Die Verwiegungsanmeldung kann mit hauptamtlicher Genehmigung durch mündliche Angaben des Anmelders ersetzt werden, die von den Abfertigungsbeamten in ein Grumpenwiegebuch aufzunehmen sind, in das gleichzeitig die Ergebnisse der Abfertigung eingetragen werden. Alsdann braucht die veräußerte Grumpenmenge nicht im Flurbuch als Soll für den Erwerber vorgetragen zu werden. Das Muster zu dem Grumpenwiegebuche schreibt das Hauptamt vor.

(2) Als *ungetrocknet* gelten Grumpen nur dann, wenn sie spätestens vier Wochen nach Beendigung der Haupternte auf der Pflanzung, von der sie stammen, zur Verwiegung gestellt werden. Bei der Verwiegung ungetrockneter Grumpen ist, tunlichst unter Leitung eines Oberbeamten, zu ermitteln, wie sich ihr Gewicht in dem Zustand bei der Abfertigung zu ihrem Gewicht in trockenem Zustand verhält. Hierzu können auf Kosten des Pflanzers Sachverständige herangezogen werden. In dem ermittelten Verhältnis wird das durch Verwiegung festgestellte Gewicht herabgesetzt. Die Herabsetzung darf jedoch höchstens — und dies nur dann, wenn die Grumpen binnen einer Woche nach dem Einsammeln vorgeführt werden — 40 v. H. des durch Verwiegung festgestellten Gewichts betragen. Bei der Ermittelung dürfen Beimengungen von Sand, Erde, Stroh, verfaulten Tabak

blättern u. dgl. nicht berücksichtigt werden. Ebensowenig darf auf die Feuchtigkeit Rücksicht genommen werden, die die Grumpen infolge von nassem Wetter oder durch künstliches Anfeuchten oder durch Lagern in feuchten Räumen angenommen haben. Die Ermittelung soll vielmehr nur feststellen, welchen Gewichtsverlust die Grumpen dadurch erleiden, daß der in ihnen noch enthaltene natürliche Pflanzensaft durch die Trocknung bis zur Dachreife beseitigt wird.

(3) Die Steuer ist für getrocknete Grumpen von dem durch Verwiegung festgestellten, für ungetrocknete von dem herabgesetzten Gewicht, in beiden Fällen nach Abzug von einem Fünftel, zu berechnen und sofort zu entrichten, sofern nicht Stundung oder Abfertigung auf eine Niederlage (§§ 31 ff.) eintritt. Wegen des Verfahrens bei Erhebung der Steuer gelten die §§ 39 und 40.

(4) Die versteuerten Grumpen werden im Flurbuch vom Soll des Pflanzers nach dem durch Verwiegung festgestellten, oder wenn sie ungetrocknet waren, nach dem herabgesetzten Gewicht abgeschrieben.

§ 21.

4. Ausfuhr vor der allgemeinen Verwiegung.

(1) Tabak, der vor der allgemeinen Verwiegung über die Zollgrenze ausgeführt werden soll, ist gemäß den §§ 27, 28, 31, 32 zur Verwiegung und Abfertigung zu stellen. Soll nur ein Teil des Erntegewinns ausgeführt werden, so ist im Begleitschein anzumelden, wie sich die Sollmenge auf den zur Ausfuhr bestimmten und den später noch zur Verwiegung zu stellenden Erntegewinn verteilt.

(2) War die Sollmenge nach dem Gewichte festgesetzt, so ist zu ermitteln, ob die zur Verwiegung vorgeführte Menge dem gesamten Ernteertrag oder dem angemeldeten Teile der Sollmenge entspricht. Zu diesem Zwecke wird bei der Verwiegung des auszuführenden Tabaks tunlichst durch einen Oberbeamten abgeschätzt, wie sich sein Gewicht in dem Zustand bei der Verwiegung zu dem Gewicht in dachreifem Zustand verhält. Wegen der Zuziehung von Sachverständigen zu dieser Schätzung gilt die Bestimmung im § 20 Abs. 2.

(3) Die bei der Abfertigung ermittelte Blätterzahl oder — im Falle des Abs. 2 — die abgeschätzte Gewichtsmenge wird im Flurbuch nachgewiesen.

Zu den §§ 21 bis 24 des Gesetzes.

§ 22.

Verwiegung des Tabaks.
1. Ort und Zeit der Verwiegung.

(1) Die Amtsstellen, denen der geerntete Tabak zur Verwiegung vorzuführen ist, werden vom Hauptamt für jede Tabak bauende Gemeinde bestimmt und bekanntgemacht. Wo das Bedürfnis dazu vorliegt, sind nach Benehmen mit den Gemeindebehörden vom Hauptamt Verwiegungsstellen zu errichten und Beamte dafür zu bestimmen oder zu beantragen. In diesem Falle hat die Gemeindebehörde geeignete Räume und Wiegegeräte zur Verfügung zu stellen.

(2) Auf Antrag kann das Hauptamt, innerhalb seines Dienstbezirkes auch der Oberkontrolleur, die Verwiegung des in einem Orte geernteten Tabaks bei der Verwiegungsstelle eines anderen Gemeindebezirkes gestatten.

(3) Der Tabak ist auf Antrag in den Lagerräumen der Tabakpflanzer oder Tabakhändler zu verwiegen, wenn diese im Besitze geeigneter Räume und Wiegegeräte sind und die zur Verwiegung gestellte Menge mindestens 25 dz beträgt. Der Oberkontrolleur kann diese Erleichterung auch bei geringeren Mengen zulassen.

§ 23.

(1) Der Oberkontrolleur ermittelt an Ort und Stelle, zu welchem Zeitpunkt in den einzelnen Orten mit dem Abhängen der getrockneten Blätter begonnen werden oder die Dachreife eingetreten sein wird. Er bestimmt nach Anhörung der Gemeindebehörden die Zeit der Verwiegung, die tunlichst der Verkaufs- und Ablieferungszeit und den Wünschen der Pflanzer und Käufer anzupassen ist, und veranlaßt die Bekanntmachung der Verwiegungstage durch die Gemeindebehörde. Die Hebestelle läßt den Verwiegungsstellen die Tabakproben (§ 15 Abs. 3) zugehen.

(2) Dem Antrag einer Gemeindebehörde auf Verwiegung der Grumpen und Sandblätter vor der Verwiegung des Oberguts hat der Oberkontrolleur stattzugeben, sofern das Bedürfnis hierzu vorliegt. Der Antrag kann auch bei der Hebestelle eingereicht werden.

§ 24.

2. Erhebung von Gebühren.

Wird an Orten, für die ein allgemeines Bedürfnis hierzu nicht anzuerkennen ist, eine Verwiegungsstelle auf besonderer

Antrag der Gemeindebehörde oder der Pflanzer errichtet oder wird der Tabak auf Antrag beim Tabakpflanzer oder -händler verwogen (§ 22 Abs. 3), so trägt der Antragsteller hierdurch der Steuerverwaltung entstehende Kosten nach den Sätzen der Zollgebühren-Ordnung. Gebühren nach dieser Ordnung werden ferner erhoben, wenn die Verwiegung auf Antrag außerhalb der für die allgemeine Verwiegung (§ 23 Abs. 1 und 2) festgesetzten Zeit stattfindet, oder wenn sie durch Verschulden des Anmelders verzögert oder vereitelt wird. Im übrigen erhebt die Steuerverwaltung für die Verwiegung keine Gebühren.

§ 25.

(1) Ist die Sollmenge nach der Blätterzahl festgesetzt, so sind Obergut und Sandblätter nach näherer Bestimmung der Direktivbehörde zur Verwiegung derart in Büschel und Bündel zu verpacken, daß die Blätter ohne weiteres gezählt werden können. Unter Obergut werden im Gegensatze zu Grumpen (§ 2 Abs. 1a) und Sandblättern (§ 9 Abs. 3) die zur Zeit des Brechens noch grünen Blätter verstanden. 3. Verpackung des Tabaks.

(2) Ist die Sollmenge nach dem Gewichte festgesetzt, so können die Tabakblätter ungebüschelt vorgeführt werden.

§ 26.

Grumpen sowie Bruch und sonstige Abfälle sind je für sich verpackt zur Verwiegung vorzuführen, ebenso im Falle des amerikanischen Ernteverfahrens (§ 50) die von den Blättern befreiten Pflanzenstengel und bei der Inanspruchnahme eines Steuernachlasses gemäß § 26 des Gesetzes die im Werte verminderten Tabakblätter (§ 36).

§ 27.

(1) Der zur Verwiegung zu stellende Tabak ist der Verwiegungsstelle mit einer Anmeldung nach Muster 6 vorzuführen, zu der den Gemeindebehörden von der Amtsstelle unentgeltlich Vordrucke geliefert werden. Die Direktivbehörde kann eine vereinfachte Form der Anmeldung vorschreiben und zulassen, daß die nach dem Vordruck nötigen Angaben, abgesehen von den im Abs. 2 Satz 2 erwähnten Fällen, mündlich gemacht werden. 4. Anmeldung Wiegebuch. Muster 6.

(2) Soll Tabak bei der Verwiegung an den Erwerber übergeben, ohne Veräußerung in den freien Verkehr gesetzt oder auf Begleitschein abgefertigt werden, so sind der Verwiegungsstelle die nach den §§ 30 und 31 nötigen Anträge vorzulegen. Wird für Tabakblätter die Steuerbegünstigung des § 2 Abs. 1 b in Anspruch genommen, so ist dies in der Anmeldung zu beantragen, die in diesem Falle in doppelter Ausfertigung abzugeben ist. Soll Tabak vorgeführt werden, für den ein Steuernachlaß wegen Wertverminderung (§ 26 des Gesetzes) in Anspruch genommen wird, so ist dies dem Oberkontrolleur vom Anmelder vorher rechtzeitig besonders anzuzeigen (§ 36).

(3) Will der Pflanzer nach der Verwiegung Tabak zurücknehmen und unversteuert aufbewahren (§§ 41 bis 44), so hat er dies unter Bezeichnung der Lagerräume in der Verwiegungsanmeldung zu erklären.

Muster 7.

(4) Die Verwiegungsstelle führt ein Wiegebuch nach Muster 7. Die Direktivbehörde läßt den Vordruck ergänzen, wenn sie die mündliche Anmeldung des vorgeführten Tabaks gestattet.

§ 28.

5. Abfertigung.

(1) Die Abfertigung wird in der Regel durch zwei Beamte vorgenommen. Der Oberkontrolleur hat tunlichst bei jeder Verwiegungsstelle seines Bezirkes einer größeren Zahl von Abfertigungen beizuwohnen und in diesen Fällen die Prüfungsbefunde mitzuunterzeichnen.

(2) Bei Ermittelung der Gattung des Tabaks — Obergut oder Sandblätter, Grumpen, Bruch usw. — prüfen die Beamten, ob der Tabak in dachreifem Zustand vorgeführt wird. Ergibt sich, daß der Tabak durch absichtliches Hinausschieben des Abhängens über die Dachreife hinaus oder sonst künstlich getrocknet oder daß er gegoren ist, so ist das im Abfertigungsbefunde zu vermerken. Sind zur Festhaltung der Nämlichkeit Proben entnommen worden (§ 15), so ist der Tabak mit diesen zu vergleichen. Die Proben werden nach der Abfertigung — im Falle des Abs. 3 nach der endgültigen Entscheidung — dem Inhaber des Tabaks gegen Empfangsbestätigung eingehändigt. Ihr Gewicht wird dem Gewichte des vorgeführten Tabaks hinzugeschlagen.

(3) Ergeben sich bei der Prüfung der Nämlichkeit oder Beschaffenheit des Tabaks Zweifel, die eine weitere Unter-

suchung nötig machen, so ist der Tabak bis nach Abfertigung der unbeanstandeten Posten zurückzustellen und nötigenfalls auf Kosten seines Inhabers unter amtliche Verwahrung und amtlichen Verschluß zu nehmen. Über die Beanstandung hat der Oberkontrolleur schleunigst zu entscheiden. Dem Pflanzer steht hiergegen die Beschwerde zu.

(4) War die Sollmenge nach der Blätterzahl festgesetzt, so ist durch Nachzählung der Bündel und Büschel zu ermitteln, ob die richtige Blätterzahl zur Verwiegung gestellt ist. Die Nachzählung kann nach näherer Bestimmung der Direktivbehörde probeweise erfolgen. Die Beamten haben auch darauf zu achten, daß die in der festgesetzten Blätterzahl nicht enthaltenen Grumpen (§ 9 Abs. 3) sowie der Bruch und die sonstigen Abfälle vollständig vorgeführt werden. Bei dem nach amerikanischem Verfahren geernteten Tabak (§ 50) werden auch die vorgeführten Pflanzenstengel gezählt.

(5) Bei der Gewichtsermittelung stellen die Beamten das Roh- und das Reingewicht für jede Gattung von Tabak (Abs. 2) besonders fest. Das Gewicht wird auf 50 g genau ermittelt und angeschrieben, sofern die Direktivbehörde nicht eine Abrundung auf 0,5 kg vorschreibt. Das Gewicht der Umschließungen und Schnüre kann durch Probeverwiegungen ermittelt werden. Für das Gewicht der Schnüre, auf die die Blätter aufgereiht sind, kann das Hauptamt auf Grund von Probeverwiegungen Abzugssätze bestimmen.

(6) Bei der Verwiegung ermitteln die Beamten für eine möglichst große Anzahl der zum Verkaufe gelangten Tabakposten den Verkaufspreis, der vom Pflanzer für den unversteuerten Tabak in dachreifem Zustand, für Grumpen usw. erzielt worden ist. Das Ergebnis vermerken sie in der Verwiegungsanmeldung oder im Wiegebuche.

(7) Die Verwiegungsstelle erteilt über das Ergebnis der Verwiegung einen Wiegeschein nach Muster 8. Die Verwiegungsanmeldungen werden innerhalb der vom Amte festgesetzten Fristen, die Wiegebücher nach beendeter Verwiegung in einer Gemeinde dem Amte übersandt. Muster 8.

§ 29.

6. Verwiegung von Teilen der Ernte.

Wegen der Verwiegung von Teilen der Ernte, die vor oder nach Verwiegung der Haupternte zur Abfertigung gestellt werden — Grumpen, Sandblätter oder durch Nachernten gewonnener Tabak (§ 51) — ordnet der Oberkontrolleur das Nötige an.

Zu § 29 des Gesetzes.

§ 30.

Übergang des zur Verwiegung gestellten Tabaks an den Erwerber. Übernahme in den freien Verkehr.

(1) Die **Veräußerung** von Tabak, der im Anschluß an die Verwiegung an den Erwerber übergehen soll, ist der Hebestelle oder den Verwiegungsbeamten vor der Übergabe vom Verfügungsberechtigten anzumelden. Der Erwerber hat den Tabak zu versteuern, sofern er nicht nach § 31 weiter abgefertigt wird.

(2) Die Veräußerung kann durch Angabe des Namens und Wohnorts des Erwerbers in der Verwiegungsanmeldung oder, wenn diese mündlich gemacht wird, mündlich angemeldet werden, falls der Tabak nach § 31 weiter abgefertigt oder im Anschluß an die Verwiegung vor der Steuerbehörde dem Erwerber übergeben wird. Dieser hat im letzteren Falle in der Verwiegungsanmeldung oder im Wiegebuche durch den Vermerk »Einverstanden« und seine Unterschrift die Haftung für die Steuer anzuerkennen, wenn sie nicht sichergestellt, sofort eingezahlt oder gestundet wird.

Muster 9.

(3) In anderen als den im Abs. 2 behandelten Fällen ist die Veräußerung schriftlich nach Muster 9 anzumelden, wobei der Erwerber zugleich die Haftung für die auf dem Tabak ruhende Steuer zu übernehmen und die Räume zu bezeichnen hat, in denen der Tabak bis zur Einzahlung der Steuer aufbewahrt werden soll. Die Vordrucke zu den Anmeldungen werden unentgeltlich geliefert. Von dem Erwerber kann Sicherstellung der Steuer gefordert werden. Stehen der Entlassung des ursprünglich Steuerpflichtigen aus der Gesamthaftpflicht im Hinblick auf die Person des Erwerbers oder wegen mangelnder Sicherheit Bedenken entgegen, so wird er nur dann von der Haftung befreit, wenn er den Tabak dem Erwerber vor der Steuerbehörde übergibt.

(4) Nötigenfalls ist der Tabak in amtliche Verwahrung zu nehmen, bis die Steuer entrichtet oder sichergestellt ist. Die dadurch entstehenden Kosten trägt der Erwerber.

(5) Soll Tabak im Anschluß an die Verwiegung vor der erstmaligen Veräußerung in den **freien Verkehr** gesetz

werden, so hat der Pflanzer der Hebestelle die zu versteuernde Menge in der Verwiegungsanmeldung anzuzeigen. Die Steuer ist vom Pflanzer alsbald zu entrichten, sofern sie nicht gestundet wird.

(6) Der ursprünglich Steuerpflichtige wird aus der Haftung für die auf dem veräußerten oder versteuerten Tabak ruhende Steuer durch Benachrichtigung seitens der Abfertigungsbeamten entlassen.

Zu § 25 Abs. 2, §§ 27 und 28 des Gesetzes.

§ 31.

Versendung und Niederlegung des zur Verwiegung gestellten Tabaks.

1. Tabakbegleitscheine.

(1) Soll der zur Verwiegung gestellte Tabak mit dem Anspruch auf Steuerbefreiung über die Zollgrenze ausgeführt, unversteuert versendet oder in eine Niederlage aufgenommen werden, so ist er der Verwiegungsstelle oder der zuständigen Amtsstelle mit einem Tabakbegleitschein I nach Muster 10 anzumelden. Bei der Versendung innerhalb desselben Hebebezirkes kann an die Stelle des Begleitscheins nach näherer Anordnung des Hauptamts eine vereinfachte Anmeldung treten. *Muster 10.*

(2) Soll lediglich die Erhebung der festgestellten Steuer dem Erledigungsamt überwiesen werden, so hat die Anmeldung durch einen Begleitschein II nach Muster 11 zu erfolgen. *Muster 11.*

(3) Die Begleitscheine sind in zwei Ausfertigungen abzugeben. Beim Anspruch auf Steuerbegünstigung gemäß § 2 Abs. 1 b ist den Begleitscheinen II eine dritte Ausfertigung beizufügen, mit der nach § 37 Abs. 4 verfahren wird. Der Anmelder (Begleitscheinnehmer) hat sich durch Unterzeichnung der Annahmeerklärung in dem Begleitschein zur sofortigen Zahlung der Steuer für den Fall zu verpflichten, daß die Erledigung des Begleitscheins nicht in der vom Amte festgesetzten Frist nachgewiesen wird. Das Amt ist befugt, für die Erfüllung dieser Verpflichtung Sicherstellung zu verlangen, deren Art und Höhe im Ausfertigungsbuche (§ 32) vermerkt wird.

(4) Auf die Abfertigung des Tabaks, die Ausfertigung und Erledigung der Begleitscheine sowie wegen ihrer Prüfung und Rücksendung durch die Direktivbehörden werden, soweit hier nicht Bestimmungen getroffen sind, die für Zollbegleitscheine gegebenen Bestimmungen angewendet.

§ 32.

2. Verfahren beim Ausfertigungsamte.

Muster 12.

(1) Das Ausfertigungsamt führt über die Ausstellung der Begleitscheine ein Tabakbegleitschein-Ausfertigungsbuch nach Muster 12 in Vierteljahresabschnitten, in dem gleichzeitig die Erledigung der Begleitscheine nachgewiesen wird.

(2) Der Tabak ist dem Ausfertigungsamte zur Abfertigung vorzuführen und von diesem unter Verschluß oder amtlicher Begleitung abzulassen, wenn er

a) unter Steuerbefreiung ausgeführt oder

b) mit dem Anspruch auf Abrechnung des vollen, während der Beförderung entstehenden natürlichen Gewichtsverlustes versandt werden soll oder

c) wegen Wertverminderung nur mit dem Steuersatze von 45 *M* belastet ist, soweit nicht von der Erleichterung im § 36 Abs. 7 Gebrauch gemacht wird.

Falls nicht Raumverschluß oder amtliche Begleitung eintritt, muß der Tabak in den Fällen zu a bis c derart verpackt sein, daß sich ein vorschriftsmäßiger Verschluß anlegen läßt.

(3) Das Ausfertigungsamt hat die Abfertigung des angemeldeten Tabaks zu versagen, wenn sich herausstellt, daß das Gewicht durch Anfeuchten oder in anderer Weise künstlich vermehrt worden ist. Wegen der Gewichtsermittelung gilt § 28 Abs. 5. Die Steuer ist in den Begleitscheinen II gemäß § 37 Abs. 3 und 4 zu berechnen.

§ 33.

3. Verfahren beim Empfangsamt.

Muster 13.

(1) Das Empfangsamt trägt den Begleitschein in ein Empfangsbuch nach Muster 13 ein, das in Vierteljahrsabschnitten geführt wird. Ist der Tabak vom Ausfertigungsamt auf Begleitschein I ohne Verschluß abgelassen worden, so hat das Erledigungsamt das Reingewicht zu ermitteln und festzustellen, daß das Gewicht nicht durch Anfeuchten oder in anderer Weise künstlich vermehrt worden ist. Der Amtsvorstand kann von der Vorführung und Abfertigung beim Empfangsamt absehen, wenn der ohne Verschluß abgelassene Tabak zur Versteuerung bestimmt ist und der Empfänger sich mit der Entrichtung der Steuer nach dem vom Ausfertigungsamt ermittelten Gewicht einverstanden erklärt.

(2) Für die Aufnahme von Tabak in Niederlagen gelten die Bestimmungen der Tabaklagerordnung. Fehlmengen, die sich bei der Einlagerung von Tabak, der von der Verwiegungsstelle nach einer Niederlage versandt wird, gegen das beim Ausfertigungsamte festgestellte Reingewicht ergeben, können von den Abfertigungsbeamten, Anlage A.

a) wenn der Tabak mit unverletztem amtlichen Verschluß oder unter ständiger amtlicher Begleitung angekommen ist,

b) wenn in anderen Fällen die Fehlmenge nicht mehr als $^1/_3$ v. H. des im Begleitschein angegebenen Reingewichts beträgt,

steuerfrei gelassen werden, sofern der Gewichtsverlust lediglich durch Eintrocknen des Tabaks oder durch ähnliche Ursachen entstanden ist. Daß diese Voraussetzung zutrifft, ist im Begleitschein zu vermerken. Unter derselben Voraussetzung kann das Hauptamt eine Menge bis zu $^1/_3$ v. H. auch dann steuerfrei lassen, wenn der Gewichtsverlust in den nicht unter a gehörigen Fällen $^1/_3$ v. H. übersteigt.

(3) Soweit die Fehlmenge nicht steuerfrei gelassen wird, fordert die Hebestelle den ihr entsprechenden Teil des auf der Sendung ruhenden Steuerbetrags vom Niederleger des Tabaks an und zieht ihn, wenn dieser die Zahlung verweigert, vom Begleitscheinnehmer ein.

§ 34.

4. Erledigung der Begleitscheine. Abschluß der Bücher.

(1) Über die erledigten Begleitscheine sind monatlich zweimal — für die Zeiträume vom 1. bis 15. und vom 16. bis zum Schlusse des Monats — Erledigungsscheine nach Muster 14 auszustellen, die nach Prüfung und Bescheinigung durch einen zweiten Beamten dem Ausfertigungsamte bis zum 20. und bis zum 5. des Monats übersandt werden. Bei Ämtern, die nur mit einem Beamten besetzt sind, fällt die Bescheinigung durch einen zweiten Beamten fort. In diesem Falle wird jedem im Empfangsbuch vorkommenden Ausfertigungsamte nach dem Abschluß des Empfangsbuchs eine vom Oberkontrolleur bescheinigte Nachweisung der erledigten Begleitscheine übersandt unter Benutzung des mit »Nachweisung« zu überschreibenden Musters 14. Muster 14.

(2) Das Ausfertigungsamt vermerkt den Tag des Eingangs der Erledigungsscheine im Ausfertigungsbuch und hebt die etwa bestellte Sicherheit (§ 31 Abs. 3) auf.

(3) Das Empfangsbuch ist am Schlusse des Vierteljahrs abzuschließen. Das Ausfertigungsbuch wird nach Ablauf des Vierteljahrs bis nach Ankunft der noch fehlenden Erledigungsscheine offen gehalten, spätestens jedoch am Ende des folgenden Vierteljahrs abgeschlossen. Die beim Abschluß der Bücher noch unerledigten Nummern werden in die Bücher für das folgende Vierteljahr übertragen. Vor Absendung der Bücher und ihrer Belege zur Prüfung bescheinigt der Kassenpfleger in dem abgeschlossenen Buche die Richtigkeit der Übertragung.

Zu § 25 Abs. 3 des Gesetzes.

§ 35.

Steuererlaß für amtlich vernichteten oder vergällten Tabak.

(1) Soll Tabak zur Erlangung von Steuerbefreiung vernichtet oder vergällt werden, so ist dies vor oder bei der Verwiegung zu beantragen. Die Vernichtung oder Vergällung geschieht unter amtlicher Aufsicht. Sie wird von den überwachenden Beamten auf dem Antrag oder in der Verwiegungsanmeldung oder im Wiegebuche bescheinigt unter Angabe des dabei eingehaltenen Verfahrens, der Gattung und des Eigengewichts des Tabaks. Die nötigen Handleistungen hat der Antragsteller zu verrichten oder auf seine Kosten verrichten zu lassen.

(2) Vernichtet wird der Tabak in der Regel durch Verbrennen, vergällt wird er durch Übergießen mit Jauche, Petroleum oder dergleichen, nötigenfalls nach vorheriger Zerkleinerung. Das Vergällungsmittel hat der Pflanzer zu beschaffen.

(3) Die obersten Landesfinanzbehörden sind ermächtigt, von der Erhebung der Tabaksteuer auch dann abzusehen, wenn der Tabak — gleichviel ob der Antrag bis zur allgemeinen Verwiegung oder nachher gestellt wird — unter amtlicher Aufsicht zur Herstellung von Tabaklauge verarbeitet und die gewonnene Lauge entweder über die Zollgrenze ausgeführt oder zur Verwendung bei der Herstellung menschlicher Genußmittel unbrauchbar gemacht oder nach den für aus-

ländische Tabaklaugen erlassenen Bestimmungen*) zur Bekämpfung von Pflanzenschädlingen verwendet wird.

(4) Auf die Betriebe, die unversteuerten Tabak zu Tabaklauge verarbeiten, finden die Bestimmungen für die Tabaklaugefabriken in Bremen**) sinngemäß Anwendung. Die bei der Laugenbereitung verbleibenden Rückstände sind entweder auszuführen oder gemäß Abs. 2 zu vergällen, sofern sie nicht vom Betriebsinhaber zum Satze von 57 *M* für den Doppelzentner versteuert werden. Die Unbrauchbarmachung der Tabaklauge hat, soweit diese nicht nach den Bestimmungen über die Bekämpfung von Pflanzenschädlingen verwendet wird, durch Vermischung mit Karbolsäure zu erfolgen. Der Reichskanzler kann auch andere Vergällungsmittel zulassen. Er bestimmt Menge und Beschaffenheit der Vergällungsmittel***).

Zu § 26 des Gesetzes.

§ 36.

Herabsetzung des Steuersatzes bei erheblicher Wertverminderung.

(1) Eine Herabsetzung des Steuersatzes für Tabak, der vor der amtlichen Verwiegung durch besondere Unglücksfälle, wie Hagelschlag, im Werte vermindert worden ist, wird nur gewährt, wenn die Wertverminderung wenigstens 20 v. H. des Wertes von unbeschädigtem Tabak derselben Sorte beträgt und der Antrag spätestens am vierten Tage nach Eintritt des Unglücksfalls, und wenn dieser den Tabak auf dem Felde getroffen hat, jedenfalls vor der Ernte schriftlich vom Pflanzer bei dem Amte gestellt ist.

(2) Der Antrag muß die Ursache und den Tag der Beschädigung des Tabaks, die Menge, die durch den Unglücksfall voraussichtlich im Werte vermindert werden wird, den Grad der Wertverminderung sowie die Bezeichnung und den

---

*) S. Anleitung für die Zollabfertigung Teil III.

**) Veröffentlicht im Zentralblatt für das Deutsche Reich, 1896, S. 638.

***) Bei der Vergällung der Tabaklauge durch Karbolsäure ist rohe Karbolsäure zu verwenden, die durch Zusatz von Natronlauge löslich gemacht ist.

Die Mischung soll mindestens 50 v. H. Phenol oder dessen Homologen, berechnet als Phenol (C_6H_5OH) und 10 v. H. Natriumhydroxyd ($NaOH$) enthalten.

Je 100 kg Tabaklauge sind mit 2 kg dieses Gemisches zu verrühren.

Vor der erstmaligen Verwendung ist das Gemisch, das sich längere Zeit hält, auf seine vorschriftsmäßige Beschaffenheit zu untersuchen. Die Untersuchung erfolgt bis auf weiteres gebührenfrei bei der Kaiserlichen Technischen Prüfungsstelle in Berlin. Zur Vornahme der Untersuchung sind 100 ccm des Gemisches an die Prüfungsstelle einzusenden

Flächeninhalt der Grundstücke, auf denen die beschädigten Pflanzen gewachsen sind, enthalten. Über die Ursache und den Umfang der angemeldeten Wertverminderung hat der Oberkontrolleur sofort Erhebungen anzustellen. Dabei sind Abs. 2 und 3 des § 16 sinngemäß anzuwenden.

(3) Bei der Vorführung des Tabaks zur Verwiegung (§ 27 Abs. 2 letzter Satz) dürfen den im Werte verminderten Tabakblättern keine unbeschädigten Blätter beigemengt sein. Der Oberkontrolleur schätzt in Gemeinschaft mit einem von der Gemeinde beauftragten Sachverständigen den Grad der Wertverminderung ab und veranlaßt das Nötige wegen Festhaltung der Nämlichkeit des Tabaks (Abs. 5). Verweigert der Pflanzer die Anerkennung der Schätzung, so wird nach § 16 Abs. 6 verfahren.

(4) Die Entscheidung über die Zulässigkeit einer Herabsetzung des Steuersatzes, über die Kosten für die Zuziehung von Sachverständigen und über Anträge, die nicht fristgemäß gestellt worden sind, trifft das Hauptamt unter entsprechender Anwendung der Bestimmungen des § 17. Wird vom Hauptamt eine Wertverminderung von 20 v. H. oder mehr anerkannt, so ist der Steuersatz für den beschädigten Tabak auf 45 *M* für den Doppelzentner in gegorenem Zustand herabzusetzen.

(5) Die Versteuerung des mit dem Satze von 45 *M* belasteten Tabaks wird bis zu seiner Aufnahme in einen Betrieb zur Herstellung von Tabakerzeugnissen ausgesetzt. Der Tabak ist von der Verwiegung bis zur Aufnahme in einen solchen Betrieb oder eine Niederlage oder bis zu seiner Ausfuhr getrennt von anderem Tabak zu halten.

(6) In den Begleitscheinen, Abrechnungsbüchern und Lagerbüchern, in denen der Tabak nachgewiesen wird, ist zu vermerken, daß er bei der Aufnahme in einen Betrieb zur Herstellung von Tabakerzeugnissen wegen Wertverminderung durch besondere Unglücksfälle dem ermäßigten Steuersatze von 45 *M* in gegorenem Zustand unterliegt. Inhaber von Betrieben, in denen solcher Tabak verarbeitet werden soll, haben bei der Versteuerung den Empfang des Tabaks zur Verarbeitung auf Tabakerzeugnisse schriftlich anzuerkennen. Sie haben dabei zu bestätigen, daß ihnen die Bestimmung im § 2 Abs. 2 der Tabak-Vergütungsordnung bekannt ist, wonach bei Mitverwendung von Tabak, der zum ermäßigten Satze versteuert ist, die Vergütungssätze gekürzt werden.

(7) Wird an Inhaber solcher Betriebe im Werte verminderter Tabak von einer Niederlage aus versandt, so kann von der Ausfertigung eines Begleitscheins abgesehen und die Steuer schon vom Niederleger zum Satze von 45 *M* entrichtet werden, wenn er sich schriftlich verpflichtet, den Tabak unmittelbar an den Betriebsinhaber zu senden und dessen Anerkenntnis und Bestätigung (Abs. 6) dem Niederlageamte binnen einer von diesem zu bestimmenden Frist vorzulegen. Das Anerkenntnis muß in diesem Falle mit dem Sichtzeichen der für den Betriebsinhaber zuständigen Amtsstelle versehen sein.

(8) Ist bis zu dem im § 25 Abs. 2 des Gesetzes angegebenen Zeitpunkt die Aufnahme in einen derartigen Betrieb nicht erfolgt, so ist der Tabak in eine öffentliche Niederlage oder in ein Privatlager unter amtlichem Mitverschluß aufzunehmen.

(9) Für im Werte verminderten Tabak, der nicht gemäß den vorstehenden Bestimmungen in einen Herstellungsbetrieb für Tabakerzeugnisse versandt oder unter amtlicher Aufsicht in das Ausland ausgeführt worden ist, wird die Steuer zum Satze von 57 *M* erhoben. Unter Umständen tritt Strafverfolgung wegen Steuerhinterziehung oder Ordnungswidrigkeit ein.

Zu den §§ 11, 25, 29, 30 und 31 des Gesetzes.

§ 37.

Feststellung und Erhebung der Gewichtsteuer.
1. Feststellung.

(1) Die von den Verwiegungsstellen eingehenden Abfertigungspapiere (§§ 27 ff.) prüft die Hebestelle nach. Bemängelungen sind durch Benehmen mit den Verwiegungsbeamten, gegebenenfalls nach Entscheidung durch den Oberkontrolleur, zu beseitigen.

(2) Die Ergebnisse der Verwiegung und Abfertigung werden von der Hebestelle in das Flurbuch übernommen, in dem die Bücher, die die verwogenen Mengen weiter nachweisen, anzugeben sind. Gleichzeitig ist die Steuer für die veräußerten oder in den freien Verkehr gesetzten Mengen zu berechnen und gemäß § 39 zu fordern. Für den vom Pflanzer zurückgenommenen Tabak (§ 27 Abs. 3) wird ihm der Betrag der darauf ruhenden Steuer durch eine Steuerberechnung nach Muster 15 mitgeteilt. Muster 15

(3) Zur Ermittelung des steuerpflichtigen Gewichts ist von dem Reingewichte des Tabaks ein Fünftel abzuziehen. Die so berechnete Menge ist auf 50 g nach unten abzurunden. Der Abzug von einem Fünftel unterbleibt, wenn Tabak vor der Verwiegung künstlich getrocknet oder wenn er gegoren ist (§ 28 Abs. 2). Von dem steuerflichtigen Gewichte wird die Steuer nach den Sätzen des § 2 berechnet, wobei Beträge von weniger als 5 Pfennig wegfallen.

(4) Die Berechnung der Steuer für Tabakblätter nach dem Satze von 45 *M* ist, abgesehen von den Fällen des § 36, nur unter den Voraussetzungen des § 2 Abs. 3 zulässig. Die von den Antragstellern abgegebenen zweiten — bei Begleitscheinen II dritten — Ausfertigungen der Anmeldungen (§ 27 Abs. 2, § 31 Abs. 3) hat das Amt der Hebestelle zu übersenden, in deren Bezirke die Tabakblätter zu zigarettensteuerpflichtigen Waren verarbeitet werden sollen (§ 45). Die Absendung ist in der zurückbehaltenen Ausfertigung zu bescheinigen.

(5) Nach Übernahme des gesamten vom Pflanzer geernteten Tabaks in das Flurbuch wird mit ihm durch Vergleichung der vorgeführten Menge mit der Sollmenge (§ 12) abgerechnet. Die Flurbücher sind spätestens am 15. Juni abzuschließen und mit den Anmeldungen, Wiegebüchern und sonstigen Belegen zur Buchprüfung einzusenden.

§ 38.

2. Fehlmengen und der Verwiegung entzogener Tabak.

(1) Fehlmengen, die sich bei der Abrechnung gegenüber der Sollmenge ergeben, sind zu versteuern (§§ 15 und 31 des Gesetzes). Daneben tritt unter Umständen Strafverfolgung ein. War die Sollmenge nach der Blätterzahl festgesetzt, so wird das Gewicht der Fehlmenge aus der Zahl der fehlenden Blätter und dem Durchschnittsgewichte berechnet, das sich nach dem Befund in der Verwiegungsanmeldung für 1000 gleichartige Blätter ergibt.

(2) Von der Einziehung der Steuer für die Fehlmenge hat das Hauptamt abzusehen, wenn sich bei den Erhebungen überzeugend ergibt, daß sie lediglich auf Ungenauigkeiten bei Festsetzung der Sollmenge zurückzuführen ist. In Zweifelsfällen entscheidet die Direktivbehörde.

(3) Die hiernach für Fehlmengen zu erhebende Steuer ist unter Abzug von einem Fünftel des Reingewichts nach dem Satze von 57 ℳ für den Doppelzentner zu berechnen und sofort einzuziehen (§ 39).

(4) Von der Einleitung des Strafverfahrens wegen Nichtgestellung von Tabak zur Verwiegung (§ 41 Abs. 2 Ziffer 2, § 43 Abs. 3 des Gesetzes) kann abgesehen werden, wenn die Fehlmenge 5 v. H. der Sollmenge nicht übersteigt und kein Verdacht besteht, daß steuerpflichtiger Tabak der Verwiegung entzogen worden ist. Treffen diese Voraussetzungen nicht zu, so ist der Tabakpflanzer von dem Hebebeamten zu vernehmen und die Verhandlung vom Oberkontrolleur mit gutachtlichem Berichte dem Hauptamt zur Entscheidung darüber vorzulegen, ob Strafverfolgung einzutreten hat oder lediglich die Steuer von der Fehlmenge gemäß § 31 des Gesetzes einzuziehen ist. Ein Strafverfahren gegen den Tabakpflanzer ist nur dann einzuleiten, wenn feststeht oder bestimmte Tatsachen darauf schließen lassen, daß ein Teil des steuerpflichtigen Tabaks der Verwiegung entzogen ist.

(5) Grundstücke, die nicht rechtzeitig (§ 4 Abs. 1) oder überhaupt nicht angemeldet werden, sind — unabhängig von dem etwa einzuleitenden Strafverfahren — nachträglich in das Flurbuch einzutragen, nötigenfalls unter amtlicher Ausfertigung einer Fluranmeldung. Ist eine Feststellung der Sollmenge gemäß den §§ 8ff. nicht mehr möglich, so hat der Oberkontrolleur den Ernteertrag nach § 44 Abs. 2 des Gesetzes abzuschätzen. In gleicher Weise wird verfahren, wenn sich nach der Abfertigung des zur Verwiegung vorgeführten Tabaks ergibt, daß Tabak der Verwiegung entzogen worden ist. Nach Feststellung der steuerpflichtigen Menge ist davon die Tabaksteuer sofort einzuziehen und im Sollbuch nachzuweisen (§ 39 Abs. 1).

§ 39.

3. Erhebung der Steuer.

(1) Die Gewichtsteuerbeträge für veräußerten oder in den freien Verkehr gesetzten Tabak (§§ 20 und 30), für Fehlmengen und für Tabak, der der Verwiegung entzogen worden ist (§ 38), sowie die beim Abschluß des Abrechnungsbuchs fällig werdenden Beträge (§ 43) sind, sobald sie von der Hebestelle berechnet werden, in ein Tabaksteuer-Sollbuch nach Muster 16 zu übernehmen. Gleichzeitig wird der Steuerpflichtige durch einen Steuerzettel nach Muster 17 zur sofortigen

Muster 16.
Muster 17.

Zahlung aufgefordert unter Angabe der für die Steuerberechnung maßgebenden Tabakmenge. Der Aufnahme in das Sollbuch und der Zahlungsaufforderung bedarf es nicht, wenn die Steuer im Anschluß an die Berechnung alsbald eingezahlt oder gestundet wird.

(2) Das Sollbuch wird am 15. August des auf das Erntejahr folgenden Jahres abgeschlossen und zur Buchprüfung eingesandt. Die beim Abschluß bereits fällig gewordenen, jedoch noch nicht eingezahlten Beträge werden als Einnahmereste behandelt. Nach dem Abschluß etwa noch festgestellte Steuerbeträge für das betreffende Erntejahr sind in das Sollbuch für das neue Erntejahr aufzunehmen.

(3) Die obersten Landesfinanzbehörden sind ermächtigt, über die Führung des Sollbuchs anderweit zu bestimmen.

§ 40.

Muster 18.

(1) Über die Einnahme an Tabaksteuer wird von der Hebestelle ein Einnahmebuch in Vierteljahrsabschnitten geführt, wofür das Muster 18 als Vorbild dient.

(2) Wird die Steuer innerhalb der Fälligkeitsfrist nicht gezahlt oder gestundet, so ist sie unter Beachtung der Vorschrift im letzten Satze von § 29 des Gesetzes beizutreiben.

Anlage B.

(3) Die Bestimmungen über die Stundung der Tabakgewichtsteuer enthält die Tabaksteuer-Stundungsordnung.

Zu § 25 Abs. 2 und 3 und § 27 des Gesetzes.

§ 41.

Lagerung von unversteuertem Tabak beim Pflanzer.

1. Allgemeines.

Muster 19.

(1) Über den vom Pflanzer nach der Verwiegung zurückgenommenen und unversteuert aufbewahrten Tabak (§ 27 Abs. 3) führt das Amt ein Tabak-Abrechnungsbuch nach Muster 19, in dem unter einer besonderen Abteilung für jeden Pflanzer die zurückgenommene Tabakmenge nebst dem darauf ruhenden Steuerbetrag (§ 37 Abs. 2) angeschrieben und die Versendung oder Versteuerung des Tabaks nachgewiesen wird.

(2) Zurückgenommener Tabak darf aus den Aufbewahrungsräumen erst entfernt werden, nachdem er der Hebestelle schriftlich angemeldet worden ist. Für die Anmeldung und das weitere Verfahren gelten die Vorschriften in den §§ 30 ff. Die Übernahme von Tabak in den freien Verkehr ist nach

Muster 9 anzumelden. Wenn nur ein Teil des vom Pflanzer unversteuert zurückgenommenen Tabaks veräußert oder in den freien Verkehr genommen werden soll, bleibt die Ermittelung der Gewichtsmenge den Beteiligten überlassen und kann durch Abschätzung oder durch Verwiegung bewirkt werden.

(3) Die Befreiung des Tabakpflanzers von der Haftung für die Steuer geschieht durch eine Entlastungsnachricht nach Muster 20. Wird er nur für einen Teil des Tabaks, für den ihm die Steuer zur Last gestellt war, aus der Haftpflicht entlassen, so ist ihm in der Entlastungsnachricht mitzuteilen, für welchen Steuerbetrag er haftbar bleibt. Muster 20.

(4) Den Aufsichtbeamten ist der Zutritt zu den Aufbewahrungsräumen in der in § 15 angegebenen Zeit gestattet. Sie haben sich durch wiederholten Besuch davon zu überzeugen, daß Tabak nicht entfernt wird, bevor er nach Abs. 2 angemeldet ist.

§ 42.

2. Schwundzuschlag.

(1) Für zurückgenommenen Tabak, der in eine Niederlage versandt wird, kann der während der Aufbewahrung beim Pflanzer durch Eintrocknen entstandene Gewichtsverlust dadurch angerechnet werden, daß im Abrechnungsbuch außer dem bei der Versendung ermittelten Gewicht ein Schwundzuschlag abgeschrieben wird.

(2) Befindet sich der Tabak bei der Versendung in dachreifem, nicht gegorenem Zustand, so beträgt der Schwundzuschlag für jeden Tag der Lagerung 0,01 v. H. des beim Ausfertigungsamt ermittelten Gewichts. Das Hauptamt ist ermächtigt, auf Antrag diesen Satz zu erhöhen, wenn nach den Ermittelungen die Annahme eines größeren Gewichtsverlustes begründet ist.

(3) Wird gegorener Tabak durch den Pflanzer versendet, so kann von dem Hauptamt ein Schwundzuschlag bis zu 0,25 v. H. gewährt werden, wenn der Pflanzer diese Vergünstigung vor Beginn der Gärung bei der Amtsstelle beansprucht und sich den von der Direktivbehörde vorzuschreibenden besonderen Bedingungen unterworfen hat. Der Tabak ist im Begleitschein als gegoren zu bezeichnen.

(4) Der Schwundzuschlag wird im Tabak-Abrechnungsbuch auf einer besonderen Linie abgeschrieben.

§ 43.

3. Abschluß des Abrechnungsbuchs.

(1) Nach Räumung der Lagerstätten bei dem Pflanzer, spätestens jedoch am 15. Juli des auf das Erntejahr folgenden Jahres, werden die einzelnen Abteilungen des Abrechnungsbuchs abgeschlossen und, sofern nicht Stundung bewilligt ist, die Steuerbeträge von den als versteuert oder versendet etwa nicht nachgewiesenen Tabakmengen eingezogen.

(2) Ist einem Pflanzer gemäß § 25 Abs. 2 des Gesetzes die Frist zur Zahlung der Steuer über den 15. Juli des ersten auf das Erntejahr folgenden Jahres hinaus verlängert worden, so werden beim Abschluß (Abs. 1) die Lagerbestände, auf die sich die Fristverlängerung bezieht, in das Abrechnungsbuch für das folgende Erntejahr übertragen. Die richtige Übertragung bescheinigt der Oberkontrolleur im alten Abrechnungsbuche. Im neuen Abrechnungsbuche sind die Lagerbestände aus jedem der beiden Erntejahre unter einem besonderen Abschnitt nachzuweisen. Nach Räumung der aus dem Vorjahr übertragenen Bestände oder nach Ablauf der verlängerten Frist, spätestens jedoch am 30. Juni des zweiten Jahres nach der Ernte des Tabaks, werden die Abschnitte für das Vorjahr abgeschlossen und die Steuerbeträge von dem als versteuert oder versendet etwa nicht nachgewiesenen Tabak in das Sollbuch für das laufende Erntejahr übernommen und eingezogen.

(3) Die abgeschlossenen Abrechnungsbücher werden mit den Belegen zur Buchprüfung eingesandt.

§ 44.

4. Steuererlaß wegen Feuerschadens.

(1) Für Feuerschaden, durch den vom Pflanzer zurückgenommener Tabak zerstört worden ist, kann Steuererlaß gewährt werden, wenn noch der ganze Erntegewinn beim Pflanzer vorhanden war und der Antrag auf Steuererlaß spätestens am vierten Tage nach dem Feuer bei der Hebestelle gestellt wird. Aus der Anzeige muß der Tag der Beschädigung und die Menge des etwa nicht in Verlust geratenen Teiles der Ernte hervorgehen. Mit dem Antrag wird gemäß § 16 Abs. 2 und Abs. 3 Satz 1 und 2 verfahren.

(2) Die dem Pflanzer zur Last gestellte Steuer (§ 37 Abs. 2) wird ganz erlassen, wenn die gesamte Ernte durch

Feuer vernichtet wurde. Ist nur ein Teil vernichtet, so findet ein verhältnismäßiger Steuererlaß statt. Zu diesem Zwecke wird für den nicht in Verlust geratenen Teil der Ernte das Gewicht festgestellt und abgeschätzt, wie sich das Gewicht in dem Zustand des Tabaks zur Zeit dieser Verwiegung zu seinem Gewicht in dachreifem Zustand verhält. Hiernach berechnet sich der abzusetzende Steuerbetrag. Wegen der Zuziehung von Sachverständigen gilt § 16 Abs. 6. Für angebrannte oder sonst beschädigte, jedoch nicht völlig unbenutzbare Tabakblätter wird ein Steuererlaß nur gewährt, wenn sie unter amtlicher Aufsicht vernichtet werden.

(3) Die Entscheidung über den Steuererlaß, über die Kosten für Zuziehung von Sachverständigen und über Anträge, die nicht fristgemäß eingehen, erfolgt gemäß § 17 Abs. 1 und 3.

(4) Die Entscheidung teilt die Hebestelle dem Pflanzer mit. Die Tabakmenge, für die die Steuer erlassen ist, wird im Abrechnungsbuch abgeschrieben. War die erlassene Steuer bereits fällig und daher im Sollbuch eingetragen, so wird der Betrag dort abgesetzt. War der Betrag bereits eingezahlt, so wird er erstattet.

§ 45.

Steuerbegünstigte Tabakblätter.

1. Aufnahme in den Betrieb.

(1) Der Empfänger von steuerbegünstigten Tabakblättern hat diese gemäß seiner Verpflichtungserklärung (§ 2 Abs. 3) in seinen Betrieb oder bei gemischten Betrieben (§ 47) in die Betriebsabteilung für Herstellung zigarettensteuerpflichtiger Erzeugnisse aufzunehmen und in dem nach den Zigarettensteuer-Ausführungsbestimmungen zu führenden Betriebsbuch D anzuschreiben.

(2) Die Aufnahme und die Anschreibung ist von den Aufsichtsbeamten festzustellen, nachdem der Hebestelle die zweiten oder dritten Stücke der Abfertigungspapiere (§ 37 Abs. 4) zugegangen sind. Ist die Aufnahme oder Anschreibung nicht erfolgt, so ist eine Verhandlung aufzunehmen, die der Aufsichtsbeamte mit dem Abfertigungspapiere dem Hauptamt zur Einleitung des Strafverfahrens vorzulegen hat.

(3) Für Fehlmengen an steuerbegünstigten Tabakblättern, die im Betriebe des Empfängers bei den Bestandsaufnahmen festgestellt werden, kann das Hauptamt von einer Nacherhebung des Steuerunterschieds von 12 *M* absehen unter entsprechender Anwendung des § 11 des Zigarettensteuergesetzes.

§ 46.

2. Weiterverkauf.

(1) Der Weiterverkauf steuerbegünstigter Tabakblätter oder der bei ihrer Verarbeitung entstehenden Abfälle (Tabakrippen, Tabakgrus, Tabakmehl, Tabakstaub) ist dem Hersteller zigarettensteuerpflichtiger Waren nur mit jedesmaliger Genehmigung des Hauptamts gestattet.

(2) Vor der Abgabe ist der Amtsstelle eine schriftliche Anmeldung der Tabakblätter oder Abfälle zu übergeben. Bei der Versendung an einen Hersteller zigarettensteuerpflichtiger Erzeugnisse gelten für die Form der Anmeldung und für das weitere Verfahren die Vorschriften der Zigarettensteuer-Ausführungsbestimmungen über die Abgabe unversteuerten Zigarettentabaks zur Verarbeitung, Behandlung usw. Der Versender hat für den auf den Tabakblättern oder Abfällen ruhenden Steuerunterschied von 12 *M* für den Doppelzentner so lange zu haften, bis sie in den Betrieb des Empfängers aufgenommen und in dessen Betriebsbuch angeschrieben worden sind. Ist der Empfänger nicht Hersteller zigarettensteuerpflichtiger Erzeugnisse, so ist vor der Abgabe die Menge amtlich abzufertigen und der Steuerunterschied nachzuerheben. Eine Nacherhebung findet nicht statt, wenn die Tabakblätter oder die Abfälle in das Ausland ausgeführt, vernichtet oder vergällt werden.

(3) Wegen der Vergällung sowie wegen einer Versendung von Abfällen, die von einem Gemisch ausländischer und inländischer Tabakblätter stammen, an eine andere Person als einen Hersteller von zigarettensteuerpflichtigen Waren wird auf die Bestimmungen der Tabakzollordnung verwiesen.

§ 47.

3. Verarbeitung in gemischten Betrieben.

Die Verarbeitung steuerbegünstigter Tabakblätter in gemischten Betrieben, d. i. in Betrieben, in denen neben zigarettensteuerpflichtigen noch andere Tabakerzeugnisse hergestellt werden, regelt sich nach den entsprechenden Bestimmungen der Tabakzollordnung. An die Stelle der Erhebung und der Vergütung des Zollzuschlags tritt die Nacherhebung und Vergütung des Steuerunterschieds von 12 *M*.

Zu § 32 des Gesetzes.

§ 48.

Vorschriften für den Tabakbau.

1. Köpfen und Ausgeizen.

(1) Tabakpflanzer, bei denen die Sollmenge nach dem Gewichte festgesetzt wird, kann der Oberkontrolleur auf Antrag

von der Verpflichtung befreien, die Pflanzen bis zur amtlichen Festsetzung der Sollmenge vollständig zu köpfen und auszugeizen. Die Anträge werden nur genehmigt, wenn hierfür ein besonderes Bedürfnis besteht, beispielsweise zum Samenziehen oder bei mehrmaligem Abblatten. Die Genehmigung ist an die Bedingung zu knüpfen, daß der Pflanzer sich einer Nachprüfung und unter Umständen einer Erhöhung der Sollmenge durch den Oberkontrolleur unterwirft.

(2) Die Genehmigung zum Samenziehen kann der Oberkontrolleur für einzelne Pflanzen auch da erteilen, wo die Sollmenge nach der Blätterzahl festgesetzt wird.

§ 49.

2. Vorzeitiges Einsammeln.

(1) Pflanzer, die vor Festsetzung der Sollmenge (§§ 9, 10, § 11 Abs. 4) oder vor der Entscheidung über ihren Einspruch (§ 14) Tabakblätter einernten wollen, haben der Gemeindebehörde anzuzeigen, an welchem Tage und auf welchen, nach Lage und Flächeninhalt zu bezeichnenden Grundstücken mit dem Abblatten begonnen werden soll, sowie in welche Räume die Blätter zur vorläufigen Aufbewahrung verbracht werden. Die Gemeindebehörde hat die Anmeldung sofort der Amtsstelle zu übersenden.

(2) Sofern die Direktivbehörde nicht andere Anordnungen trifft, sind die vorzeitig geernteten Blätter bei der Beförderung vom Felde und in den Aufbewahrungsräumen bis zur Festsetzung der Sollmenge nach den einzelnen Grundstücken getrennt zu halten, so daß der Erntegewinn eines jeden Grundstücks nachträglich abgeschätzt werden kann. Nach dem Einsammeln sind unverzüglich von den hierfür bestimmten Beamten und Sachverständigen diejenigen Ermittelungen vorzunehmen, die sonst auf dem Felde stattfinden.

(3) Hilfeleistungen, die zur Ermittelung der Menge erforderlich sind, hat der Pflanzer zu verrichten oder auf seine Kosten verrichten zu lassen.

(4) Ist die ganze Ernte oder ein Teil davon ohne vorherige Anzeige eingesammelt worden, so wird die Sollmenge für die vorzeitig abgeernteten Grundstücke gemäß § 44 Abs. 2 des Gesetzes festgesetzt und das Ergebnis in das Flurbuch übernommen. Daneben tritt unter Umständen Bestrafung ein.

§ 50.

3. Amerikanisches Ernteverfahren.

(1) Auf Antrag des Pflanzers kann der Oberkontrolleur das sogenannte amerikanische Ernteverfahren, d. i. das Einernten der ganzen Tabakpflanze ohne Trennung der Blätter von dem Stengel, gestatten. Der Antrag ist rechtzeitig vor der amtlichen Festsetzung der Sollmenge bei der Amtsstelle zu stellen unter Angabe der Grundstücke, auf die sich das Verfahren erstrecken soll, und der Zahl der Pflanzen auf jedem dieser Grundstücke.

(2) Die Pflanzenstengel gehören zum steuerpflichtigen Tabak (§ 8 Abs. 1, § 11 Abs. 2, § 28 Abs. 4). Sofern sie nicht gemäß § 35 vernichtet oder vergällt werden, sind sie zum Satze von 57 *M* zu versteuern. Auf Fehlmengen, die sich bei der Verwiegung ergeben, sind die Bestimmungen des § 38 sinngemäß anzuwenden.

§ 51.

4. Beseitigen der abgeblatteten Pflanzen. Nachernte.

(1) Die nach beendeter Ernte auf dem Felde noch vorhandenen Tabakpflanzen sind spätestens am zehnten Tage nach dem Abblatten zur Benutzung für die Herstellung von Tabakerzeugnissen untauglich zu machen. Auf Antrag darf der Oberkontrolleur die Frist bei nachgewiesenem Bedürfnis angemessen verlängern.

(2) Die Genehmigung zur Erzielung einer Nachernte an Geizen ist bei der Amtsstelle mit einer Fluranmeldung nach Muster 1 oder durch Ergänzung der bereits abgegebenen Fluranmeldung zu beantragen. Hinsichtlich der Feststellung und Versteuerung des gewonnenen Tabaks werden die für die Haupternte getroffenen Bestimmungen angewendet.

(3) Das Einsammeln der verwendbaren oberen Teile der Tabakpflanzen ist nur nach vorheriger Genehmigung der Steuerbehörde und unter den von ihr vorzuschreibenden Bedingungen gestattet.

(4) Die Genehmigung (Abs. 2 und 3) wird vom Oberkontrolleur schriftlich erteilt. Sie erfolgt in der Regel nur dann, wenn sie für eine größere Anzahl zusammenliegender Pflanzungen beantragt wird und die Versteuerung hinreichend gesichert werden kann. Die Vergünstigung ist an die Bedingung zu knüpfen, daß der Beginn der Nachernte an Geizen oder an verwendbaren oberen Pflanzenteilen mindestens sechs Tage vorher dem Oberkontrolleur angezeigt wird. Wegen

Feststellung der Menge des Tabaks trifft der Oberkontrolleur die nötigen Anordnungen.

§ 52.

(1) Will der Pflanzer ein Tabakfeld vor der Ernte wegen Mißwachses oder dergleichen umpflügen, so hat er der Amtsstelle hiervon drei Tage vorher Anzeige zu machen. 5. Umpflügen des Tabakfeldes.

(2) Das Umpflügen wird amtlich beaufsichtigt. Gebühren werden hierfür nicht erhoben. Der Beamte hat festzustellen und in der Verhandlung über die Beaufsichtigung zu bescheinigen, daß von dem Grundstück kein Tabak eingesammelt worden ist. Nach Absetzung des umgepflügten Grundstücks in der Fluranmeldung und dem Flurbuch wird die Verhandlung Beleg zu letzterem.

(3) Anstatt durch Umpflügen kann die Pflanzung durch Umhacken oder eine sonstige Bearbeitung des Bodens zerstört werden.

Zu den §§ 33 bis 36 des Gesetzes.

§ 53.

(1) Für Grundstücke, die nach § 1 der Besteuerung nach dem Flächenraume (der reinen Flächensteuer oder der Steuerabfindung) unterliegen, gelten von den Bestimmungen in den §§ 7 bis 51 nur die über die Führung des Sollbuchs und des Einnahmebuchs. C. Besteuerung nach dem Flächenraum. Allgemeines.

(2) Die Steuer nach dem Flächenraum ist von der Hebestelle nach dem Wiedereingang der Fluranmeldungen (§ 6 Abs. 2) auf Grund des ermittelten Flächeninhalts zu berechnen. Ist auf einem Grundstück Tabak mit anderen Bodengewächsen zusammen angebaut, so wird die Steuer von dem ganzen Grundstück berechnet; abzuziehen sind jedoch Flächen von mindestens 4 qm, auf denen andere Gewächse nachgebaut sind. Steht beim Anpflanzen des Tabaks noch nicht fest, ob die Besteuerung nach dem Gewicht oder nach dem Flächenraum eintritt, so darf der Tabak nur in der durch § 32 Ziffer 1 und 2 des Gesetzes vorgeschriebenen Weise gepflanzt werden.

(3) Im Falle der Steuerabfindung wird die Steuer nach Verwiegung des in den Mustergemarkungen gewonnenen Tabaks in der Fluranmeldung berechnet.

(4) Der Steuerbetrag wird dem Pflanzer durch einen Steuerzettel nach Muster 17 mitgeteilt, in dem die festgestellte

Fläche der Grundstücke, bei der Abfindung auch die für die Steuerberechnung maßgebende Tabakmenge anzugeben ist. Wenn der Steuerbetrag 10 *M* nicht übersteigt, ist er bis zum 1. Oktober des Erntejahrs, sonst bis zum 15. Juli des auf das Erntejahr folgenden Jahres einzuzahlen. Die Steuer nach dem Flächenraume wird nicht gestundet.

(5) Die eingezahlten Beträge werden im Tabaksteuer-Einnahmebuche gebucht. Bis zum 1. Oktober noch nicht eingezahlte Beträge sind in das Sollbuch zu übernehmen. Die Nummer des Einnahmebuchs oder Sollbuchs ist im Flurbuch zu vermerken.

§ 54.

Steuernachlaß infolge von Unglücksfällen. 1. Vor der Ernte.

(1) Wird für Tabak, der der Besteuerung nach dem Flächenraum unterliegt, infolge von Mißwachs oder anderen außerhalb des gewöhnlichen Witterungswechsels liegenden Unglücksfällen, die vor der Ernte eingetreten sind, ein Steuererlaß auf Grund des § 34 Abs. 3 oder des § 35 des Gesetzes beansprucht, so hat dies der Pflanzer der Amtsstelle nach Maßgabe von § 16 Abs. 1 dieser Ordnung anzuzeigen.

(2) Auf das weitere Verfahren werden die Vorschriften der §§ 16 und 17 sinngemäß angewendet mit der Einschränkung, daß bei Grundstücken, die der reinen Flächensteuer unterliegen, ein Steuererlaß nicht gewährt wird, wenn bei Mißwachs weniger als die Hälfte einer mittleren Jahresernte, bei anderen Unglücksfällen weniger als die Hälfte des auf dem Grundstück gewachsenen Tabaks verdorben ist. Unterliegt der Tabak der Besteuerung nach der Abfindung, so wird der von dem steuerpflichtigen Gewicht abzusetzende Betrag durch Abschätzung festgestellt unter Anwendung der in § 16 angegebenen Grundsätze.

(3) Eine Herabsetzung des Steuersatzes auf Grund von § 26 des Gesetzes findet bei Tabak, der der Besteuerung nach dem Flächenraum unterliegt, nicht statt.

§ 55.

2. Nach der Ernte.

(1) Wird für Tabak, der der Besteuerung nach dem Flächenraum unterliegt, wegen Feuerschadens ein Steuererlaß beansprucht, so ist der Schaden gemäß § 44 Abs. 1 anzumelden. Über den Antrag entscheidet das Hauptamt. Er darf nur berücksichtigt werden, wenn der gesamte Erntegewinn noch beim Pflanzer vorhanden war und der Feuerschaden vor dem 15. Juli des auf das Erntejahr folgenden Jahres eingetreten ist.

(2) Ist der gesamte Erntegewinn vernichtet worden, so kann die Steuer ganz erlassen werden. Sonst ist unter entsprechender Anwendung der Bestimmungen in § 44 abzuschätzen, wie sich der vernichtete Teil der Ernte zu der gesamten Ernte des Grundstücks verhält, und hiernach der Steuererlaß festzusetzen.

Zu den §§ 37, 38 und 40 des Gesetzes.

§ 56.

D. Ersatzstoffe. Abgabenvergütung.

(1) Wegen der Verwendung von Tabakersatzstoffen bei der Herstellung von Tabakerzeugnissen (§§ 37, 38 des Gesetzes) gelten die Bestimmungen der Tabakersatzstoff-Ordnung.

Anlage C.

(2) Die Vergütung der Tabaksteuer bei der Ausfuhr oder Niederlegung von Tabak und Tabakerzeugnissen (§ 40 des Gesetzes) erfolgt nach der Vergütungsordnung für Tabak.

§ 57.

E. Schlußbestimmungen.

Für die Aufstellung der statistischen Übersichten über den Tabak gelten die Bestimmungen über die Tabakstatistik.

§ 58.

Der Reichskanzler ist ermächtigt, die Muster zu den Ordnungen zu ändern und neue Muster vorzuschreiben.

§ 59.

(1) Als Vergütung für die Kosten der Verwaltung und Erhebung der Tabaksteuer werden jedem Bundesstaate gewährt

a) für die Anbaukontrolle und die Feststellung der Steuer 0,20 *M* für jedes volle Ar der mit Tabak bepflanzten Fläche, nach Ablauf des 2. Viertels des Rechnungsjahrs mit dem halben Betrage, nach Ablauf des 3. Viertels mit drei Vierteilen und nach Ablauf des 4. Viertels mit dem ganzen Betrage;

b) 2 v. H. der in seinem Gebiete zur Verrechnung gekommenen Roh-Solleinnahme einschließlich der Tabakersatzstoff-Abgabe.

(2) Für Flächen, auf denen gemäß § 51 eine Nachernte erzielt worden ist, wird die Vergütung zu a nur einmal gewährt.

Muster 1
(Tabaksteuerordnung § 4).

Hauptamtsbezirk .... Flurbuch Nr. ....
Hebebezirk .... Eingegangen den ......ten .... 19....
Gemeinde ....

Tabakflur-Anmeldung

des

Tabakpflanzers .... zu ....

für das Jahr 19*12*.

Anleitung.

a. Für den Tabakpflanzer.

1. Die mit Tabak bepflanzten Grundstücke sind in den Spalten 2 und 3 einzeln nach ihrer Bezeichnung (Lage) und ihrem Flächeninhalt anzugeben. Am Fuße der Spalte 3 ist die Summe des Flächeninhalts der angemeldeten Grundstücke ersichtlich zu machen.
2. Läßt der Inhaber der mit Tabak bepflanzten Grundstücke, der Tabakpflanzer, den Tabak gegen einen bestimmten Anteil oder unter sonstigen Bedingungen durch einen Andern anpflanzen oder behandeln, so ist dies in Spalte 5 anzugeben.
3. Die Anmeldung ist bis zum Ablauf des 15. Juli bei der Hebestelle des Bezirkes abzugeben. Nach dem 15. Juli bepflanzte Grundstücke müssen spätestens am dritten Tage nach dem Beginne der Bepflanzung angemeldet werden.

b. Für die Prüfungsbeamten.

4. Die Ergebnisse der Prüfung des Flächeninhalts werden in Spalte 6 eingetragen. Die Ergebnisse der Blätterzählung und Gewichtsschätzung brauchen in Abteilung D der Anmeldung nicht vermerkt zu werden, wenn sie auf dem Felde in Hilfsbücher eingetragen werden. Aus letzteren können sie unmittelbar in das Flurbuch übernommen werden.

Laufende Nr.	A. Anmeldung des Tabakpflanzers — Der Grundstücke: Bezeichnung (Lage)	Flächeninhalt a	qm	Bezeichnung der Räume, in denen der geerntete Tabak bis zur amtlichen Verwiegung aufbewahrt wird	Bemerkungen	B. Flächeninhalt nach dem Ergebnis der amtlichen Prüfung a	qm	C. Festsetzu… a) der reinen Flächensteu… b) der Steuer… findung
1	2	3		4	5	6		7
	Probeeintragung 1.							*Zu Probe-eintragung* Die Steuer vo… unter Nr. *1 und 2*… geführten Grund… beträgt a) zu dem Sa… 5,7 Pf. für 1… *12,25* M… b) bei einem … schnittsertrag …… kg auf …… kg nac… Satze von 57 … 100 kg: …… *Schwedt*, den *29. August* … ***Kloss***, *Ob. Zoll-Ei*…
1.	*Am Wege nach Berne*	*37*	*56*	***Wohnhaus***	*1 Probe erhalten.*	*38*	*17*	
2.	*In der **Trift** ......*	*54*	*01*		***Kloss***, *Ob. Zoll-Einn.*	*53*	*87*	
	Zusammen	*91*	*57*			*92*	*04*	
	Zehden, den 7. Juli 1912. ***Georg Diethelm.***							
	Probeeintragung 2.							
1.	*Am **Bruche** ....*	*98*	*70*	*Kleine Scheune*		*98*	*94*	
2.	*Hinter dem Garten.*	*1*	*44*		*Zu 2: Verhagelt. Steuernachlaß beantragt. Siehe Beleg 1.* ***Hoffmann***, *Zoll-Ass.*	*1*	*40*	
	***Zusammen** ....*	*100*	*14*			*100*	*34*	
	Dambach, den 6. Juli 1912. ***Georg Huber.***							
	Probeeintragung 3.							
1.	*In den **Erlen** .....*	—	*87*		*Reine Flächensteuer*	—	*87*	
2.	*Am **Galgenberge** ...*	*1*	*28*			*1*	*28*	
	***Zusammen** ....*	2	*15*			2	*15*	
	Hohenwiese, den 10. Juli 1912. ***J. Weber.***					Für die Prüfung: ***Hohenwiese***, den *14. August* 1912. ***Lindner***, *Ob. Zoll-Kontr.* ***Domke***, *Zoll-Aufs.*		

D. Festsetzung der Tabaksollmenge				Bemerkungen
nach der Blätterzahl			nach dem Gewichte	
Anzahl ...er Pflanzen	durchschnittliche Blätterzahl von 100 Pflanzen	Gesamtblätterzahl		
Stück	Stück	Stück	kg	
8	9	10	11	12

Muster 2
(Tabaksteuerordnung § 4).

Hauptamtsbezirk ....
Hebebezirk ....

Tabakflurbuch

der Gemeinde ....

für das Erntejahr 1912.

Enthält .... Blätter, *die mit einer* *[a]ngesiegelten Schnur durchzogen sind.*

Gefürt von ....

.... (Unterschrift.)

[D]em Herrn Gemeindevorsteher / Bürgermeisteramt in .... zur Offenlegung übergeben.

.............................., den ....ten .... 19....

..............................amt.

.... (Unterschrift.)

Nach Bekanntmachung in ortsüblicher Weise hat dieses Buch drei Tage in der [G]emeinde offengelegen.

.............................., den ....ten .... 19....

Der Gemeindevorsteher. — Das Bürgermeisteramt.

....

Anleitung.

1. Wird gegen die Festsetzung der Sollmenge Einspruch erhoben, so trägt die Gemeindebehörde den Tag der Anmeldung des Einspruchs bei dem betreffenden Grundstück in Spalte 9 ein. Bei der Anmeldung hat der Tabakpflanzer der Gemeindebehörde eine schriftliche Begründung seines Einspruchs zu übergeben, in der der Betrag der verlangten Ermäßigung anzugeben ist.
2. Unmittelbar nach Ablauf der dreitägigen Frist bescheinigt die Gemeindebehörde die Offenlegung und sendet das Flurbuch mit den Begründungen der Einsprüche an die Hebestelle zurück.

Lfde. Nr.	Tag des Eingangs der Fluranmeldung	Des Tabakpflanzers Vor- und Zunamen sowie Wohnort	Der angemeldeten Grundstücke: Zahl	Flächeninhalt a	Flächeninhalt qm	Lage	Besteuerungsart	Flächeninhalt der Grundstücke nach dem Ergebnis der amtlichen Prüfung a	qm	Festsetzung der Tabaksollmenge: nach Gewicht kg	1/100	nach der Blätterzahl: Zahl der Pflanzen Stück	durchschnittliche Blätterzahl von 100 Pflanzen Stück	Gesamtzahl der Blätter Stück	Der Pflanzer hat gegen die Festsetzung der Sollmenge Einspruch erhoben am (Tag, Monat)
1	2	3	4	5		5a[1])	6	7		8		8a[1])	8b[1])	8c[1])	9
		Probe-eintragung 1.													
1.	8. 7.	*Georg Diethelm, Zehden*	1	37	56	*Am Wege nach Berne*	*Gewicht-steuer*	38	17	*geändert laut Entscheidung auf den Einspruch*		13 626 ~~14 000~~	825	112 414 ~~115 500~~	19. A
			1	54	01	*In der Trift*		53	87			19 554	834	163 080	
		=	2	91	57		=	92	04					~~278 590~~ 275 494	
usw.												*Bruch u. Abfall, 2 v. H.* .			
												bleibt Soll .			
		Probe-eintragung 2.													
201.	7. 7.	*Georg Huber, Dambach*	1	98	70	*Am Bruche*	*Gewicht-steuer*	98	94	1 825	.	*laut Grump. W. B. 1*			
			1	1	44	*Hinter dem Garten*		1	40	25	.	*» Veräuß. Anm. 1*			
		=	2	100	14		=	100	34	1 850	.	*Bruch u. Abfall, 1 v. H.*			
usw.															
												bleibt Soll			
		Probe-eintragung 3.													
20.	11. 7.	*J. Weber, Hohenwiese*	1	.	87	*In den Erlen*	*Reine Flächen-steuer*	.	87	.	.	.	.	.	
			1	1	28	*Am Galgenberge*		1	28						
		=	2	2	15		=	2	15						
usw.															

[1]) Wenn das Flurbuch nicht in der Gemeinde offengelegt wird, kann Spalte 5a, wenn das Blätterzählverfahren Anwendung findet, können die Spalten 8a bis c und 10a sowie der Vordruck »(Stück)« in den Spalten 13, 14 und 16 u Vordruck »(10a)« in Spalte 16 nebst der Fußnote wegfallen.

…rminderung der Sollmenge durch Unglücksfälle, Veräußerung vor der Verwiegung, durch Bruch und Abfall		Abrechnung mit dem Tabakpflanzer — Zur Verwiegung wurden gestellt — laut Wiegebuch		1. Grumpen		2. Tabakblätter zum Steuersatze von 45 ℳ (Stück)²)		2. Tabakblätter zum Steuersatze von 57 ℳ (Stück)²)		Gesamtgewicht — Sp. 12 bis 14 — (Gesamtblätterzahl Sp. 13/14)²)		Mithin fehlen gegenüber Sp. 10 (10a)¹) (Stück)²)		Von dem vorgeführten Gesamtgewichte (Sp. 15) sind weiter nachgewiesen — im Buche Nr.	zum Steuersatze von 45 ℳ		zum Steuersatze von 57 ℳ		Die nach den Spalten 7 oder 16 zu erhebenden Beträge sind gebucht im Einnahme- oder Sollbuch unter Nr.	Bemerkungen
¹/₁₀₀	Blätter (Stück)	Bezeichnung	Nr.	kg	¹/₁₀₀	kg	¹/₁₀₀	kg	¹/₁₀₀	kg	¹/₁₀₀	kg	¹/₁₀₀		kg	¹/₁₀₀	kg	¹/₁₀₀		
0	10a¹)	11		12		13		14		15		16		17	18		19		20	21
		Zehden	*1*	.	.	.	.	*163*	.	.	.	.	.	*Begl. A. B. 14*	.	.	*163*	.	—	
								(24 000 Stück)												
		»	*42*	*40*	*10*	.	.	*1 194*	.											
								(252 354 Stück)												
			=	*40*	*10*	.	.	*1 357*	.	*1 397*	*10*			*Abr. B. 75*	.	.	*1 119*	.		
.	*5 509*									*(276 354 Stück)*				*Soll. B. 50*	*40*	*10*	*75*	.		
	269 985							*vergällt sind*		*37*	*15*	—	—	=	*40*	*10*	*1 357*	.	—	
70		*Dambach A*	*1*	.	.	.	.	*86*	*65*	.	.	.	.	*Begl. A. B. 1*	.	.	*86*	*65*		
30		»	*14*	.	.	.	.	*655*	*90*	.	.	.	.	» *18*	.	.	*655*	*90*		
50		»	*16*	*11*	*80*	*76*	*25*	*833*	*90*	.	.	.	.	» *65*	*50*	*60*	.	.		*Sp. 18: Zu Zigaretten.*
50				*11*	*80*	*76*	*25*	*1 576*	*45*	*1 664*	*50*	.	.	*Abr. B. 117*	*25*	*65*	*798*	*40*		*Hagelbeschädigter Tabak.*
50														*Soll B. 40*	.	.	*35*	*50*		
						dazu der vernichtete Bruch				*18*	*20*	.	.	*Einn. B. 87*	*11*	*80*	.	.	*Soll B. 19*	
									=	*1 682*	*70*	*16*	*80*	=	*88*	*05*	*1 576*	*45*		
.	.	.	.	.	.	.	.	.	.	.	.	.	.	.	.	.	.	.	*Soll B. 38*	

²) Nur bei Festsetzung der Sollmenge nach der Blätterzahl auszufüllen

Flurbuch Nr. ....

Muster 3
(Tabaksteuerordnung § 11).

Herr .... in .... wird ersucht, für die von ihm angemeldeten Tabakpflanzungen in der Gemeinde .... eine verbindliche Erklärung über

die Anzahl der Tabakpflanzen und die durchschnittliche Blätterzahl*),
das Gewicht des voraussichtlichen Ernteertrags

unter Benutzung des umseitigen Vordrucks abzugeben und sie binnen .... Tagen dem unterzeichneten Amte zugehen zu lassen.

Durch die Erklärung kann, wenn sich bei der Prüfung kein Anlaß zu Beanstandungen ergibt, die amtliche Festsetzung der Sollmenge ersetzt werden. Es muß alsdann mindestens die

der Erklärung entsprechende Blätterzahl,
in der Erklärung angegebene Gewichtsmenge

zur Verwiegung vorgeführt werden. Eine Fehlmenge ist zu versteuern, sofern nicht ein Abgang durch Unglücksfälle, Bruch usw. vorschriftsmäßig nachgewiesen ist.

.........................., den .... 19.....

.... amt.

.... (Unterschrift.)

Anleitung.

1. Die Spalten 1 bis 3 werden von der Hebestelle ausgefüllt.
2. Der Tabakpflanzer hat die von ihm verlangten Angaben für jedes angemeldete Grundstück einzeln, und zwar bei der Erklärung über die Blätterzahl in den Spalten 4 und 5, bei der Erklärung über die Gewichtsmenge in Spalte 6 einzutragen.
3. Zur Ermittelung der Blätterzahl (Spalte 5) sind an einer der Größe des Grundstücks und der Beschaffenheit der Pflanzung entsprechenden Zahl von Pflanzen an verschiedenen Stellen des Grundstücks die Blätter zu zählen. Die durchschnittliche Blätterzahl ergibt sich alsdann, wenn der hundertfache Betrag der gezählten Blätter durch die Zahl der ausgewählten Pflanzen geteilt wird. Die Sandblätter sind mitzuzählen, nicht aber die Grumpen.
4. Das Gewicht des voraussichtlichen gesamten Ernteertrags ist in Spalte 6 in dachreifem, trockenem Zustand anzugeben, ohne Rücksicht auf Bruch und Abfall während oder nach der Ernte und ohne Rücksicht auf etwa zu erwartende Dachfäule. Die Sandblätter und Grumpen sind in den zu erwartenden Ertrag einzurechnen.

---

*) Wo das Blätterzählverfahren nicht angewendet wird, können sämtliche hierauf bezüglichen Angaben des Musters wegfallen.

Verbindliche Erklärung des Tabakpflanzers.

Von der Hebestelle auszufüllen				Vom Pflanzer auszufüllen			
				Erklärung über			
				die Blätterzahl		die Gewichtsmenge des voraussichtlichen gesamten Ernteertrags	
Laufende Nr.	Bezeichnung der Grundstücke	Flächeninhalt der Grundstücke		Gesamtzahl der Tabakpflanzen	durchschnittliche Blätterzahl von 100 Pflanzen		Bemerkungen
		a	qm	Stück	Stück	kg	
1	2	3		4	5	6	7

..........................., den .... 19......

.... (Unterschrift des Tabakpflanzers.)

Abgegeben ...., den .... 19......

.... amt.

.... (Unterschrift.)

Muster 4

(Tabaksteuerordnung § 12).

Benachrichtigung.

Dem Tabakpflanzer, Herrn .... zu ...., wird gemäß 16 des Tabaksteuergesetzes vom 15. Juli 1909 der nachstehende Auszug aus dem abakflurbuch der Gemeinde .... mitgeteilt. Gegen die danach erfolgte estsetzung der zu vertretenden Tabakmenge kann bei der Steuerbehörde Einspruch hoben werden. Der Einspruch muß der unterzeichneten Hebestelle binnen drei agen nach dem Empfang dieser Benachrichtigung schriftlich zugestellt werden unter enauer Angabe des Betrags der verlangten Ermäßigung.

.............................., den ....ten.............................. 19..

..............................amt.

.... (Unterschrift.)

Auszug

us dem Tabakflurbuch der Gemeinde .... für das Erntejahr 19....

Laufende Nr.	Der vom Tabakpflanzer angemeldeten Grundstücke			Festsetzung der mindestens zur Verwiegung zu stellenden Tabakmenge (Sollmenge)*)		Bemerkungen
	Lage	Flächeninhalt nach dem Ergebnis der amtlichen Prüfung		nach der Blätterzahl	nach dem Gewichte	
		a	qm	Stück	kg	
1	2	3		4	5	6

*) **Der Tabakpflanzer ist verpflichtet, den gesamten Ernteertrag, also auch eine über die llmenge hinaus geerntete Menge, zur Verwiegung zu stellen. Zuwiderhandlungen werden nach den 41 ff. des Tabaksteuergesetzes bestraft.**

Muster 5

(Tabaksteuerordnung § 14).

Entscheidung.

Der Tabakpflanzer, Herr .... zu ...., wird au seinen Einspruch vom ...... ten .... 19...... hiermit benachrichtigt, daß di Tabaksollmenge für ihn von dem Ausschuß zur Entscheidung über Einsprüche (§ 1(des Tabaksteuergesetzes vom 15. Juli 1909) wie folgt festgesetzt worden ist:

Laufende Nummer	Lage der angemeldeten Grundstücke	Flächeninhalt der Grundstücke nach dem Ergebnis der amtlichen Prüfung		Beantragt war die Ermäßigung auf eine		Nach der Entscheidung des Ausschusses beträgt die Sollmenge		Bemerkunger
				Blätterzahl von	Gewichtsmenge von	an Blätterzahl	an Gewicht	
		a	qm	Stück	kg	Stück	kg	
1	2	3		4	5	6	7	8

........................, den ...... ten .... 19......

Der Ausschuß zur Entscheidung über Einsprüche.

.... (Unterschriften.)

Muster 6
(Tabaksteuerordnung § 27).

Hauptamtsbezirk .... Wiegebuch .... Nr. ....
Hebebezirk .... Flurbuch der Gemeinde .... Nr. ....
Verwiegungsstelle ....

Verwiegungsanmeldung

des

Tabakpflanzers .... in ....

Anleitung.

1. Bei Festsetzung der Sollmenge nach dem Gewichte sind die Spalten 1 bis 3, bei Festsetzung der Sollmenge nach der Blätterzahl sind die Spalten 4 bis 8 auszufüllen.
2. Ob der Tabak veräußert, in den freien Verkehr gesetzt, auf Begleitschein abgefertigt, vernichtet, vergällt oder nach der Verwiegung vom Pflanzer zurückgenommen werden soll, ist in Spalte 9 anzugeben. Dort ist ferner ein Vermerk zu machen, wenn für Tabak, dessen Wert durch Unglücksfälle vor der Verwiegung vermindert ist, ein Steuernachlaß beansprucht wird, oder wenn Tabakblätter zur Herstellung von Zigaretten oder Zigarettentabak zum Steuersatze von 45 *M* abgefertigt werden sollen. Im letzteren Falle ist die Verwiegungsanmeldung in doppelter Ausfertigung abzugeben, sofern nicht Abfertigung auf Begleitschein beantragt wird.
3. Soll Tabak zur Verwiegung vorgeführt werden, für den ein Steuernachlaß wegen Wertverminderung beansprucht wird, so ist dies dem Oberkontrolleur vom Anmelder vorher rechtzeitig besonders anzumelden.

Anmeldung des Tabakpflanzers.									Der Packstück[…]	
Zur Verwiegung werden vorgeführt								Angabe, ob die Gesamtmenge oder ein Teil vorgeführt wird (Gesamtpost, Teilpost, Restpost). Angaben über a) Veräußerung (§ 30), b) Übernahme in den freien Verkehr ohne Veräußerung (§ 30), c) Abfertigung auf Begleitschein (§ 31), d) Vernichtung oder Vergällung zur Erlangung von Steuerbefreiung (§ 35), e) Zurücknahme nach der Verwiegung unter Bezeichnung der Aufbewahrungsräume (§ 41)		
a. bei Festsetzung der Sollmenge nach dem Gewichte			b. bei Festsetzung der Sollmenge nach der Blätterzahl							
der Packstücke		Gattung des Tabaks (Obergut, Sandblatt, Grumpen, Bruch usw.)	1. Blätter mit Einschluß der Sandblätter			2. Grumpen	3. Bruch usw.			
			Anzahl der		Gesamtzahl der Blätter	der Packstücke				
Zahl	Art		Bündel zu 3000 Blättern	Blätter im Restbündel		Zahl und Art	Zahl und Art		Zahl	A[…]
1	2	3	4	5	6	7	8	9	10	1[…]
Probeeintragung 1.								**Restpost.**		
—	—	—	*84*	*354*	*252 354*	*1 Kiste*	*1 Sack*	*a) an P. Fritsche, Berlin, 75 kg Obergut und die Grumpen;*	*85*	*Bü*
								d) Vergällung des Bruchs;	*1*	*K*
								e) das übrige. Boden meines Wohnhauses.	*1*	*S*
								Zehden, den 30. November 1912.		
								Georg Diethelm.		
Probeeintragung 2.								**Restpost.**		
34	*Bündel*	*Obergut*	—	—	—	—	—	*a) Sandblatt an P. Fritsche, Berlin;*	*34*	*B*
2	*Ballen*	*Obergut*						*b) Grumpen;*	*2*	*I*
								c) 2 Ballen Obergut zu Zigaretten, Steuersatz 45 ℳ;		
1	*Bündel*	*Obergut, hagelbeschädigt*						*d) Vernichtung des Bruchs und Abfalls;*	*1*	*B*
								e) das übrige. Boden meines Wohnhauses.		
1	»	*Sandblatt*						*Für das hagelbeschädigte Obergut beantrage ich Steuernachlaß.*	*1*	
1	*Sack*	*Grumpen*						*Dambach, den 30. November 1912.*	*1*	
1	»	*Bruch und Abfall*						***Georg Huber.***	*1*	
40									*40*	

…ttung des …abaks (…bergut, …dblatt, …umpen, …ch usw.)	Amtlicher Befund. Bei Festsetzung der Sollmenge nach der Blätterzahl: Anzahl der Bündel zu 3 000 Blättern	Anzahl der Blätter im Restbündel	Gesamtzahl der Blätter	Rohgewicht kg	Rohgewicht 1/100	Gewicht der Umschließungen und Schnüre kg	Gewicht der Umschließungen und Schnüre 1/100	Reingewicht zum Steuersatze von 45 M kg	Reingewicht zum Steuersatze von 45 M 1/100	Reingewicht zum Steuersatze von 57 M kg	Reingewicht zum Steuersatze von 57 M 1/100	Bemerkungen zu den Anträgen in Spalte 9, über Zurückgabe von Tabakproben usw.
12	13	14	15	16		17		18		19		20
…bergut	*84*	*354*	*252 354*	*1 206*	*50*	*12*	*50*	—	—	*1 194*	—	
…umpen				*54*	—	*13*	*90*	*40*	*10*	—	—	
…ruch				*37*	*50*	—	*35*	—	—	—	—	*37,15 kg sind unter unserer Aufsicht zerkleinert und durch Übergießen mit Jauche vergällt worden.*
								40	*10*	*1 194*	—	***Gottwald,*** *Zollpraktikant.* ***Pittlick,*** *Zollaufseher.* *Preis für 1 dz ausschl. Steuer: Obergut 54 M, Grumpen 30 M.*
…ergut				*806*	*50*	*8*	*10*	—	—	*798*	*40*	
…rgut				*52*	*40*	*1*	*80*	*50*	*60*	—	—	
…rgut, …gel- …hädigt				*26*	*10*	—	*45*	*25*	*65*	—	—	*Wertverminderung um 50 v. H. anerkannt. Siehe Verhandlung.* ***Dentler,*** *Oberzollkontrolleur.*
…dblatt				*36*	—	—	*50*	—	—	*35*	*50*	
…mpen				*12*	*20*	—	*40*	*11*	*80*	—	—	
…h und …fall				*19*	—	—	*80*	—	—	—	—	*18,20 kg sind unter meiner Aufsicht verbrannt worden.*
								88	*05*	*833*	*90*	***Domke,*** *Zollaufseher.* *Preis für 1 dz ausschl. Steuer, Obergut 49 M, hagelbeschädigt 44 M: Sandblatt 45 M, Grumpen 30 M.*

Muster 7
(Tabaksteuerordnung § 27).

Hauptamtsbezirk *Prenzlau.*
Hebebezirk *Schwedt.*
Verwiegungsstelle *Dambach.*

Tabakwiegebuch *A*

für das Erntejahr 19*12.*

Enthält .... Blätter, *die mit einer* *ngesiegelten Schnur durchzogen sind.*

.... (Unterschrift.)

Geführt von ....

Laufende Nr.	Der Verwiegung		Des Anmelders		Der Tabak steht zum Soll im Flurbuch		Reingewicht*)				Bemerkunge[n]
							zum Steuersatze von 45 *M*		zum Steuersatze von 57 *M*		
	Tag	Monat	Vor- und Zuname	Wohnort	der Gemeinde	Nr.	kg	1/100	kg	1/100	
1	2	3	4	5	6	7	8		9		10
1. usw.	*10.*	*Oktober*	*Georg Huber*	*Dambach*	*Dambach*	*201*					*Sandblatt.*
14. usw.	*29.*	*November*	*Georg Huber*	»	»	*201*					
16. usw.	*30.*	»	*Georg Huber*	»	»	*201*					

*) Nur im Falle des Bedürfnisses, insbesondere bei mündlicher Anmeldung des Tabaks auszufü[llen].

Muster 8
(Tabaksteuerordnung § 28).

Hauptamtsbezirk *Prenzlau.* Verwiegungsstelle *Dambach.*
Hebebezirk *Schwedt.* Wiegebuch *A* Nr. *16.*

Wiegeschein.

Dem Tabakpflanzer Herrn ***Georg Huber*** zu *Dambach* wird hiermit bescheinigt, daß die heute vorgenommene Verwiegung des von ihm vorgeführten Tabaks folgendes Ergebnis geliefert hat:

Gattung des Tabaks	Reingewicht kg	Reingewicht 1/100
Obergut .... *798,40 + 50,60*	*849*	—
Obergut, hagelbeschädigt	*25*	*65*
Sandblatt...........................	*35*	*50*
Grumpen...........................	*11*	*80*
Bruch und Abfall.......................	*18*	*20*
Zusammen	*940*	*15*

Dambach, den *30*ten *November* 19*11*.

Die Verwiegungsstelle.

Goßlau
Zollassistent.

Muster 9

(Tabaksteuerordnung §§ 30 und 41).

Anmeldung

zur a. Veräußerung / b. Versteuerung von Tabak.

(Nicht Zutreffendes ist zu durchstreichen.)

Von dem zur Verwiegung zu stellenden / in meiner Verwahrung befindlichen Tabak habe ich / werden .... kg*) Grumpen — *300* kg*) Tabakblätter — zum Steuersatze von 57 ℳ an Herrn *P. Fritsche* in *Berlin* veräußert. / in den freien Verkehr gesetzt.

Dambach, den *15* ten *Januar* 19*13*.

Georg Huber (Unterschrift des Tabakpflanzers.)

*) Bei dem noch nicht zur Verwiegung gestellten Tabak genügt die annähernde Angabe des Gewichts.

(Nur für den Fall zu a.)

Erklärung des Erwerbers.

Ich habe die oben angegebene Tabakmenge erworben und übernehme die Haftpflicht für die darauf ruhende Tabaksteuer.

Der Tabak wird versteuert und bis zur Einzahlung der Steuer in *der Wohnung des Herrn Hub[er]* (Angabe der Räume) aufbewahrt werden.

Dambach, den *15* ten *Januar* 19*13*.

Paul Fritsche (Unterschrift des Erwerbers des Tabaks.)

Eingegangen, den *15* ten *Januar* 19*13*.

Wiegebuch / Tabak-Abrechnungsbuch Nr. *117*.

Die Entlastungsnachricht ist abgesandt am *16* ten *Januar* 19*13*

Königliches Zollamt.

Goßlau (Unterschrift.)

Muster 10

(Tabaksteuerordnung § 31).

Bundesstaat *Preußen*. Direktivbezirk *Berlin*.

Deutsches Zollgebiet.

Erntejahr 19*12*.

Tabakbegleitschein I.

Nr. *11*.

Ausfertigungsamt: *Schwedt.* Empfangsamt: *Danzig.*

Gestellungsfrist: Bis zum (in Worten) *sechsundzwanzigsten dieses Monats.* Überwiesen auf: ....

Verlängert bis zum (in Worten): ....

Geleistete Sicherheit: ....

Annahmeerklärung des Begleitscheinnehmers: *Ich* übernehme... diesen Begleitschein mit der Verpflichtung, die Steuer für den darin verzeichneten Tabak sofort zu zahlen, wenn die Erledigung des Begleitscheins nicht rechtzeitig nachgewiesen wird.

Schwedt, den *12*ten *Januar* 19*13*.

Georg Huber (Unterschrift.)

Schwedt, den *12*ten *Januar* 19*13*.

*Königliches Zoll*amt.

Vorbuch: *Abrechn. B. Nr. 117.*

Hoffmann (Unterschrift.)
Ass.

(Stempel.)

Erledigungsbescheinigungen.

1. Der Begleitschein ist abgegeben am ....ten .... 19.....
2. Er ist eingetragen im Tabakbegleitschein-Empfangsbuch .... unter Nr. ....
3. Befund a) über den Verschluß: ....
   b) über die Gattung und Menge: ....

Die Richtigkeit dieser Angaben bescheinigen:

.... (Unterschriften.)

Die Erledigung des Begleitscheins bescheinigt:

.........., den ....ten .... 19.....

..........amt.

.... (Unterschrift.)

I. Anmeldung

Laufende Nr.	Name und Wohnort der Empfänger	der Packstücke		Gattung und Menge des Tabaks										Anträg…
				nach der nicht geprüften Angabe des Versenders					nach der amtlichen Ermittelung					
		Zeichen und Nummern	Zahl und Art der Verpackung	Gattung	Gewicht				Gattung	Gewicht				
					roh		rein			roh		rein		
					kg	1/100	kg	1/100		kg	1/100	kg	1/100	
1	2	3	4	5	6		7		8	9		10		11
1.	***A. Bessin,*** *Danzig*	*H. 1—5*	***5 Kisten*** *(leer je 8 kg)*	***Tabakblätter***	*240*	—	*200*	—	—	—	—	—	—	Mit B… schein I… *Danzig* zur A… nach …… zur Ni… mi… gung —— oh… währung… Vergütu… den Ge… verlust … rend de… Aufbew… Beförde… Der T… von *mir* gewonn… den.

Schwedt, den 12. Januar 1913.

Georg Huber.

II. Befund und Abfertigung

Packstücke	Gattung und Menge des Tabaks											Angabe a) des Bestimmungslandes b) ob der Tabak von Niederlagen abgemeldet ist	Weiterer Nachweis des Tabaks: Der Verkehrsnachweisung Nummer, Blatt laufende Nr. (von dem Erledigungsamt auszufüllen)	Bemerkungen über vorhandenen, beibehaltenen oder angelegten Verschluß, Zahl der Bleie usw.
	nach der nicht geprüften Angabe des Versenders					nach der amtlichen Ermittelung								
Zahl und Art der Verpackung	Gattung	Gewicht roh		Gewicht rein		Gattung	Gewicht roh		Gewicht rein					
		kg	1/100	kg	1/100		kg	1/100	kg	1/100				
13	14	15		16		17	18		19			20	21	22
5 (fünf) Kisten, gleich groß und gleich beschaffen	—	—	—	—	—	*Nr. Tabakblätter, dachreif, ungegoren* ½, ⅗	*96* *144* *240*	— —	*200 (zweihundert) 1 Kiste entleert und zu 8 kg verwogen*	—		*a) Inland* *b) —*	—	*Ohne Verschluß. 0,01 v. H. Schwundzuschlag für 44 Tage = 0,85 kg im Abr. B. abgeschrieben.*

Schwedt, den 12. Januar 1913.

Hoffmann, *Zollassistent.* **Domke,** *Zollaufseher.*

I. Vermerke über veränderte Bestimmung des Tabaks usw.

1. .... beantrage ..., den Begleitschein hier zu erledigen.

........................, den ......ten..................19....

....(Unterschrift.)

2. .... beantrage ..., diesen Begleitschein zur Weiterversendung des Tabaks an .... in .... auf das ....amt .... zu überweisen, indem .... für die weitere Beförderung die Verpflichtung des Begleitscheinnehmers (Seite 1) übernehme.

........................, den ......ten..................19....

....(Unterschrift.)

Genehmigt.

........................, den ......ten..................19....

....(Unterschrift.)

Eingetragen unter Nr. .... des Tabakbegleitschein-Ausfertigungsbuchs und auf das ....amt .... mit Gültigkeitsfrist bis zum .... überwiesen.

Verschluß: ....

........................, den ......ten..................19....

....amt.

....(Unterschrift.)

II. Nachweis des Ausganges über die Grenze.

Muster 11
(Tabaksteuerordnung § 31).

Bundesstaat *Preußen.* Direktivbezirk *Berlin.*

Deutsches Zollgebiet.

Erntejahr 1912.

Tabakbegleitschein II.

Nr. *65.*

Ausfertigungsamt: *Schwedt.* Empfangsamt: *Dresden.*

Bestellung des Tabaks: ....

Empfänger: *Jasmatzi, Dresden.*

Zahlungsfrist: Der Steuerbetrag von *Achtzehn* ℳ *20* Pf. muß bei dem Empfangsamt bis zum *achten künftigen Monats* unter Vorlegung dieses Begleitscheins eingezahlt sein, andernfalls wird der Steuerbetrag vom Begleitscheinnehmer eingezogen. Der Nachweis der Steuerentrichtung muß bis zum Ablauf der Frist für die Übersendung des Erledigungsscheins geführt werden.

Geleistete Sicherheit: ....

Annahmeerklärung des Begleitscheinnehmers: *Ich* übernehme ...... diesen Begleitschein mit der Verpflichtung, obigen Steuerbetrag sofort zu zahlen, wenn die Erledigung nicht rechtzeitig nachgewiesen wird.

Dambach, den *30ten November* 1912.

Georg Huber (Unterschrift.)

Schwedt, den *30ten November* 1912.

*Königliches Zoll*amt.

Vorbuch: **Wiegebuch A Nr. 16.**

(Stempel.)

Pietsch (Unterschrift.)
Zollpraktikant.

Erledigungsbescheinigungen.

1. Der Begleitschein ist am .... 19 ...... unter Nr. .... des Tabakbegleitschein-Empfangsbuchs .... eingetragen.
2. Gestellung des Tabaks: ....
3. Der Steuerbetrag ist mit .... ℳ am .... 19 ...... hinterlegt .... Buch Nr. ....
4. Der Steuerbetrag ist mit .... ℳ am .... 19 ...... vereinnahmt. Einnahmebuch Nr. ....

................, den ......ten .... 19 ......

................amt.

.... (Unterschrift.)

I. Anmeldung

Laufende Nr.	Name und Wohnort der Empfänger	der Packstücke		Gattung und Menge des Tabaks										Anträge
		Zeichen und Nummern	Zahl und Art der Verpackung	nach der nicht geprüften Angabe des Versenders					nach der amtlichen Ermittelung					
				Gattung	Gewicht				Gattung	Gewicht				
					roh		rein			roh		rein		
					kg	1/100	kg	1/100		kg	1/100	kg	1/100	
1	2	3	4	5	6		7		8	9		10		11
1.	*Zigarettenhersteller Jasmatzi, Dresden*	*G. H.* $^1/_2$	*2 Ballen*	*Tabakblätter*	*52*	—	*50*	—	—	—	—	—	—	*Mit Beg schein I Dresden Zur Her lung vor garetten Steuersa 45 M.*

Dambach, den 30. November 1912.

Georg Huber.

II. Befund und Abfertigung

Packstücke		Gattung und Menge des Tabaks													Steuerbetrag		Angabe, ob der Tabak von Niederlagen abgemeldet ist	Bemerkungen
		nach der **nicht** geprüften Angabe des Versenders					nach der amtlichen Ermittelung											
…en …d …n- …n	Zahl und Art der Verpackung	Gattung	Gewicht				Gattung	Gewicht										
			roh		rein			roh		rein								
			kg	1/100	kg	1/100		kg	1/100	kg	1/100				ℳ	Pf.		
	13	14	15		16		17	18		19					20		21	22
…e 3	Wie Sp. 4	—	—	—	—	—	*Tabakblätter*	52	40	50	60				18	20	—	

Dambach, den 30. November 1912.

Pietsch, *Zollpraktikant.*

Domke, *Zollaufseher.*

Muster 12
(Tabaksteuerordnung § 32).

Hauptamtsbezirk ....

.... amt ....

Tabakbegleitschein=Ausfertigungsbuch

für

das .... Viertel des Rechnungsjahrs 19..........

Enthält .... Blätter, *die mit einer ngesiegelten Schnur durchzogen sind.*

.... (Unterschrift.)

Geführt von ....

Anleitung.

Das Buch ist nach Ablauf des Vierteljahrs bis nach Ankunft der noch fehlenden Er- igungsscheine offen zu halten, spätestens jedoch am Ende des folgenden Vierteljahrs abzu- ließen. Die dann noch unerledigten Nummern werden in das Ausfertigungsbuch für das chstfolgende Vierteljahr übertragen.

Die Richtigkeit der Übertragung bescheinigt der Kassenpfleger in dem abgeschlossenen Buche.

Tag der Ausfertigung	Laufende Nr.	Gattung des Begleitscheins	Benennung und Nummer des Vorbuchs, aus dem die Versendung entspringt	Name des Begleitscheinnehmers	Empfangsamt	Tag des Ablaufs der Gültigkeitsfrist des Begleitscheins	Tag des Einganges des Erledigungsscheins	Bemerkungen
1	2	3	4	5	6	7	8	9

Muster 13
(Tabaksteuerordnung § 33).

Hauptamtsbezirk ....

.... amt ....

Tabakbegleitschein-Empfangsbuch

für

das ...... Viertel des Rechnungsjahrs 19..........

Enthält .... Blätter, *die mit einer ..ngesiegelten Schnur durchzogen sind.*

.... (Unterschrift.)

Geführt von ....

Anleitung.

Das Buch wird nach Ablauf des Vierteljahrs abgeschlossen und mit den erledigten Be..eitscheinen zur Prüfung eingesandt. Beim Abschluß noch unerledigte Nummern sind in das ..mpfangsbuch für das folgende Vierteljahr zu übertragen. Die Richtigkeit der Übertragung ..scheinigt der Kassenpfleger in dem abgeschlossenen Buche.

Tag der Ein-tra-gung	Lau-fende Nr.	Des Begleitscheins				Name des Emp-fän-gers	Tag des Aus-ganges des aus dem Zoll-gebiet ausge-führten Tabaks	Der Tabak ist weiter nachgewiesen im Buche		Des Erledigungs-scheins		Bem[...]kung[...]
		Aus-stellungs-ort	Gat-tung	Num-mer	Tag und Monat			Be-nennung	Ab-teilung und Nummer	Ordnungs-zahl, unter der der Begleit-schein ein-getragen ist	Aus-stel-lungs-tag	
1	2	3	4	5	6	7	8	9	10	11	12	1[...]

*) Nr. ....

*) Tag der Ankunft ....

Muster 14

(Tabaksteuerordnung § 34).

Erledigungsschein

über d........ von dem unterzeichneten Amte in der Zeit vom ......ten bis ......ten .... 19...... erledigten Tabakbegleitschein...... des .... amts in ....

Ordnungszahl	Gattung des Begleitscheins	Nummer des Ausfertigungsbuchs	Zeit der Ausstellung des Begleitscheins			Nummer des Empfangsbuchs	Steuerbetrag (in Ziffern, Schlußsumme in Worten) **)		Zeit der Erledigung des Begleitscheins			Bemerkungen
			Tag	Monat	Jahr		ℳ	Pf.	Tag	Monat	Jahr	
1	2	3	4	5	6	7	8		9	10	11	12

................, den ......ten .... 19......

.... Eintragungen richtig.

.... amt.

.... (Unterschrift.)

(Stempel) .... (Unterschrift.)

*) Vom Begleitschein-Ausfertigungsamt auszufüllen.
**) (Spalte 8) nur für Begleitscheine II.

Muster 15
(Tabaksteuerordnung § 37).

Hauptamtsbezirk *Prenzlau.* Tabak-Abrechnungsbuch Nr. *117.*
Hebebezirk *Schwedt*

Tabaksteuerberechnung.

Der Tabakpflanzer, Herr **Georg Huber** in *Dambach,* hat von dem am *30ten* N*o-
vember* 1912 zur amtlichen Verwiegung vorgeführten Tabak

a) — kg Grumpen,
b) *798,40* » Tabakblätter zum Steuersatze von 57 *M*,
c) *25,65* » » » » » 45 »,
zusammen .... *824,05* kg

zur Aufbewahrung zurückgenommen.

Die Steuer hierfür im Betrage von

a) — *M*,
b) *364,05* »
c) *9,20* »
zusammen .... *373,25 M*

ist nach § 25 des Tabaksteuergesetzes vom 15. Juli 1909 bei der erstmaligen V-
äußerung des Tabaks, spätestens jedoch am 15. Juli *1913* bei dem unterzeichnet
*Zoll*amt einzuzahlen, sofern nicht Stundung bewilligt oder der Tabak zur Ausfu
über die Zollgrenze oder zur Aufnahme in eine Niederlage abgefertigt wird.

Schwedt, den *1ten Dezember* 191*2*.

***Königliches Zoll*amt.**

Kloss (Unterschrift.)

Muster 16
(Tabaksteuerordnung § 39)

Hauptamtsbezirk *Prenzlau.*
Hebebezirk *Schwedt.*

Tabaksteuer-Sollbuch

für

das Erntejahr 19*12*.

Enthält .... Blätter, *die mit einer* [..]*ngesiegelten Schnur durchzogen sind.*

Geführt von ....

.... (Unterschrift.)

Anleitung.

Die Absetzung von Steuerbeträgen, die nach der Eintragung ins Sollbuch ganz oder teilweise erlassen werden (Spalte 11), ist in Spalte 14 zu erläutern.

Als Unterlage für Muster 4 der Bestimmungen über die Tabakstatistik ist in Spalte 14 zu vermerken, wieviel von den in Spalte 8 nachgewiesenen Betragen auf Grumpen (§ 2 Abs. 1a), steuerbegünstigte Tabakblätter (§ 2 Abs. 1b) und im Werte verminderten Tabak (§ 36) entfällt.

Tag der Eintragung	Laufende Nummer	Des Vorregisters oder Belegs		Des Steuerpflichtigen		Der Steue[r]betrag einzu[]zahle[n] am
		Bezeichnung	Nummer	Name und Gewerbe	Wohnort	
1	2	3	4	5	6	7
—	—	—	—			
1. 10. 12 usw.	38.	Flurb. Hohenwiese	20	J. Weber, Landwirt	Hohenwiese	15. 7.
1. 12. 12 usw.	40.	Flurb. Dambach	201	P. Fritsche, Fabrikant	Berlin, Kyffhäuserstr. 10	sof[]
6. 12. 12	49.	Flurb. Dambach	201	G. Huber, Landwirt	Dambach	sof[]
6. 12. 12 usw.	50.	Flurb. Zehden	11	P. Fritsche, Fabrikant	Berlin	sof[]
20. 12. 12 usw.	80.	Abrechn. Buch	117	G. Kaphun, Fabrikant	Berlin, Königsberger Str. 13.	sof[]
15. 1. 13 usw.	101.	Abrechn. Buch	117	P. Fritsche, Fabrikant	Berlin	sof[]
30. 1. 13	135.	Abrechn. Buch	117	G. Huber, Landwirt	Dambach	so[]
31. 1. 13 usw.	136.	Abrechn. Buch	117	G. Huber, Landwirt	Dambach	so[]
15. 7. 13 usw.	202.	Abrechn. Buch	117	G. Huber, Landwirt	Dambach	so[]

Betrag an								Die Vereinnahmung ist erfolgt im Einnahmebuche		Bemerkungen
Gewichtsteuer zum Satze von				Steuer nach dem Flächenraume		Von den in Sp. 8, 9, 10 eingetragenen Beträgen sind erlassen		für das Viertel des Rechnungsjahrs	unter Nummer	
… ℳ für 1 dz		57 ℳ für 1 dz								
ℳ	Pf.	ℳ	Pf.	ℳ	Pf.	ℳ	Pf.			
8		9		10		11		12	13	14
—	—	—	—	12	25	—	—	II 1913	20	
—	—	16	15	—	—	—	—	III 1912	91	
—	—	7	60	—	—	—	—	III 1912	104	
14	40	34	20	—	—	—	—	III 1912	106	Zu Sp. 8: Grumpen.
—	—	22	80	—	—	—	—	III 1912	121	
—	—	136	80	—	—	—	—	IV 1912	44	
—	—	20	50	—	—	—	—	IV 1912	60	
—	—	18	20	—	—	—	—	IV 1912	61	
—	—	115	10	—	—	—	—	II 1913	21	

Muster 17

(Tabaksteuerordnung §§ 39 und 53).

Tabaksteuerzettel.

Herr *P. Fritsche* in *Berlin* wird ersucht,

an Tabakgewichtsteuer für

a) *40,10* kg Grumpen,

b) *75,00* » Tabakblätter zum Steuersatze von 57 *M*,

c) — » » » » » 45 *M*,

an Tabaksteuer nach dem Flächenraume von .... a

den Betrag von

a) *14,40 M*,

b) *34,20* »,

c) — »,

zusammen.... *48,60 M* sofort — spätestens am ..... ten .... ~~19~~ .....
bei dem unterzeichneten *Zoll*amt zu *Soll*buch Nr. *50* einzuzahlen.

Schwedt, den *6*ten *Dezember* 19*12*.

***Königliches Zoll*amt.**

Kloss (Unterschrift.)

Obiger Betrag von .... *M*, in Worten ....
ist heute eingezahlt worden.

Einnahmebuch Nr. ....

.............................., den ..... ten .... 19..........

..............................**amt.**

(Stempel) .... (Unterschrift.)

Muster 18
(Tabaksteuerordnung § 40).

Hauptamtsbezirk *Prenzlau.*
Hebebezirk *Schwedt.*

Tabaksteuer-Einnahmebuch

für

das *IV.* Viertel des Rechnungsjahrs 19*12*.

Enthält .... Blätter, *die mit einer* *[a]ngesiegelten Schnur durchzogen sind.*

Geführt von ....

.... (Unterschrift.)

Anleitung.

Als Gewichtsteuer zum Satze von 12 *M* für 1 dz (Spalte 9) sind zu buchen:

a) Beträge, die gemäß § 46 Abs. 2 und § 47 der Tabaksteuerordnung nachzuerheben sind, wenn Tabak oder Tabakabfälle aus einem Betriebe für zigarettensteuerpflichtige Erzeugnisse an einen Empfänger abgegeben werden, der nicht Hersteller zigarettensteuerpflichtiger Erzeugnisse ist,

b) Beträge, die etwa für im Werte verminderten und bereits zum Satze von 45 *M* versteuerten Tabak gemäß § 36 Abs. 9 der Tabaksteuerordnung nacherhoben werden.

Tag der Eintragung	Laufende Nummer	Des Vorbuchs		Des Steuerzahlers	
		Bezeichnung	Nummer	Name und Gewerbe	Wohnort
1	2	3	4	5	6
1913					
—	—	—	—		
20. 1.	*44.*	*Sollbuch*	*101*	*P. Fritsche, Fabrikant*	*Berlin*
usw.					
4. 2.	*60.*	*Sollbuch*	*135*	*G. Huber, Tabakpflanzer*	*Dambach*
„	*61.*	*Sollbuch*	*136*	*G. Huber, Tabakpflanzer*	*Dambach*
„	*62.*	*Sollbuch*	*140*	*W. Werner, Tabakpflanzer*	*Dambach*
„	*63.*	*Begleitsch. E. B.*	*140*	*Müller, Zigarettenfabrikant*	*Schwedt*
„	*64.*	*Lagerbuch*	*II. 4*	*Müller, Zigarettenfabrikant*	*Schwedt*
„	*65.*	*Betriebsbuch D*	*14*	*Müller, Zigarettenfabrikant*	*Schwedt*
„	*66.*	*Sollbuch*	*165*	*J. Behrens, Tabakpflanzer*	*Berne*
usw.					

Betrag: …n Gewichtsteuer zum Satze von …5 ℳ für 1 dz (7) ℳ	Pf.	57 ℳ für 1 dz (8) ℳ	Pf.	12 ℳ für 1 dz (9) ℳ	Pf.	an Steuer nach dem Flächenraume (10) ℳ	Pf.	zusammen Spalte 7 bis 10 (11) ℳ	Pf.	Davon sind bar eingezahlt (12) ℳ	Pf.	gestundet: Betrag (13) ℳ	Pf.	gestundet: angeschrieben im Nr. (14)	Bemerkungen (15)
-	—	136	80	—	—	—	—	136	80	—	—	136	80	12	
	—	20	50	—	—	—	—								
	—	18	20	—	—	—	—	38	70	38	70	—	—	—	
	--	25	25	—	—	—	—	25	25	—	—	25	25	28	
2	—	—	—	—	—	—	—			—	—	102	—	29	
1	10	—	—	—	—	—	—	217	90	91	10	—	—	—	
	—	—	—	24	80	—	—			24	80	—	—	—	
	—	—	—	—	—	20	80	20	80	20	80	—	—	—	

Muster 19
(Tabaksteuerordnung § 41).

Hauptamtsbezirk *Prenzlau.*
Hebebezirk *Schwedt.*

Abrechnungsbuch

für den

vom Pflanzer nach der Verwiegung zurückgenommenen Tabak.

Erntejahr 19*12*.

Enthält .... Blätter, *die mit einer* *ngesiegelten Schnur durchzogen sind.*

Geführt von ....

.... (Unterschrift.)

Anleitung.

1. Unter »Anschreibung« ist die Menge des zurückgenommenen Tabaks und der Steuerbetrag anzugeben, den der Tabakpflanzer nach § 25 Abs. 1 des Gesetzes zu vertreten hat. Unter »Abschreibung« sind in Spalte 6 die Steuerbeträge für den versteuerten und versendeten Tabak sowie diejenigen Steuerbeträge anzugeben, die nach § 25 letzter Satz und § 27 des Gesetzes unerhoben bleiben. In Spalte 7 werden die dem Tabakpflanzer nach den einzelnen Abschreibungen zur Last bleibenden Steuerbeträge verzeichnet, deren Höhe ihm nach § 41 Abs. 3 der Tabaksteuerordnung mitgeteilt wird.
2. Beim Abschluß des Abrechnungsbuchs (§ 43 der Tabaksteuerordnung) wird die Summe der Abschreibung an Tabak von der angeschriebenen Menge abgesetzt und von dem Reste der vom Tabakpflanzer etwa noch zu vertretende Steuerbetrag berechnet, der alsbald einzuziehen ist.
3. Wenn der versendete oder versteuerte Tabak zuvor veräußert wurde, ist der Name seines Käufers oder sonstigen Erwerbers in Spalte 4 anzugeben.
4. Wenn der Tabak veräußert oder vom Tabakpflanzer in den freien Verkehr gesetzt worden ist, wird in Spalte 4 auf die dem Abrechnungsbuche beizufügende Anmeldung nach Muster 9 verwiesen.

Nr. *117*. Abteilung des Tabakpflanzers *Georg Huber* zu *Dambach* (zu Nr. *201* des Flurbuchs).

Abschnitt A.

Tag der Eintragung	Der Bücher oder Belege: Bezeichnung	Nummer	Gegenstand	Reingewicht des Tabaks kg	1/100	Betrag der abzuschreibenden Steuer M	Pf.	dem Pflanzer noch zur Last stehenden Steuer M	Pf.	Bemerkung
1	2	3	4	5		6		7		8
			I. Anschreibung.							
1912 *30. 11.*	*Wiegebuch*	*16*	*Zurückgenommene Menge an Tabakblättern*	*798*	*40*	—	—	*364*	*05*	
			Ferner 1 Bündel hagelbeschädigter Tabak, bei Aufnahme in einen Betrieb zur Herstellung von Tabakerzeugnissen mit 45 M für 1 dz in gegorenem Zustand steuerpflichtig	*25*	*65*	—	—	*9*	*20*	*In einer mit beleg*
			Zusammen	*824*	*05*	—	—	*373*	*25*	
			II. Abschreibung.							
12. 12.	*Begleitsch. A. B.*	*27*	*An den Zigarrenhersteller Kaphun in Berlin*	*25*	*65*	*9*	*20*	*364*	*05*	*Blei g*
1913 *12. 1.*	*Begleitsch. A. B.*	*11*	*Zur Niederlage in Danzig*	*200*	—	*91*	*20*	*272*	*85*	
12. 1.	*Begleitsch. A. B.*	*11*	*Schwund von 200 kg für die Zeit vom 30. 11. 12 bis einschl. 12. 1. 13 = 44 Tagen mit 0,01 v. H. für jeden Tag*	—	*85*	—	*35*	*272*	*50*	
15. 1.	*Sollbuch*	*101*	*Laut anliegender Veräußerungsanmeldung an P. Fritsche in Berlin verkauft*	*300*	—	*136*	*80*	*135*	*70*	
30. 1.	*Sollbuch*	*135*	*Laut anliegender Versteuerungsanmeldung von Huber in den freien Verkehr gesetzt*	*45*	—	*20*	*50*	*115*	*20*	
			Zusammen	*571*	*50*					
			Angeschrieben sind	*824*	*05*					
			bleiben zu versteuern	*252*	*55*	—	—	*115*	*10*	

Der dem Tabakpflanzer noch zur Last stehende Steuerbetrag (Spalte 7) ist im Sollbuch unter Nr. 202 angeschrieben.

Schwedt, den 15. Juli 1913.

Kloss,
Oberzolleinnehmer.

Nr. *117.* Abteilung des Tabakpflanzers *Georg Huber* zu *Dambach*
(zu Nr. *201* des Flurbuchs).

Abschnitt B.

1	Der Bücher oder Belege: Bezeichnung	Nummer	Gegenstand	Reingewicht des Tabaks kg	1/100	Betrag der abzuschreibenden Steuer ℳ	Pf.	Betrag der dem Pflanzer noch zur Last stehenden Steuer ℳ	Pf.	Bemerkungen
	2	3	4	5		6		7		8
			I. Anschreibung.							
2.	—	—	*Zurückgenommene Menge an Tabakblättern aus dem Erntejahr 1911. Frist bis 31. Januar 1913 verlängert*	*90*	—	—	—	*41*	–	
			II. Abschreibung.							
	Sollbuch	*80*	*Laut anliegender Veräußerungsanmeldung an G. Kaphun in Berlin verkauft und versteuert* ..	*50*	—	*22*	*80*	*18*	*20*	
			bleiben zu versteuern	*40*	—			*18*	*20*	

Der dem Pflanzer noch zur Last stehende Steuerbetrag (Spalte 7) ist im Sollbuch unter Nr. 136 angeschrieben.

Schwedt, den 31. Januar 1913.

Kloss,
Oberzolleinnehmer.

Muster 20
(Tabaksteuerordnung § 41).

Tabaksteuer-Entlastungsnachricht.

Der Tabakpflanzer Herr ***Georg Huber*** zu *Dambach* wird hierdurch in Kenntni gesetzt, daß er auf Grund

des Begleitscheins Nr. ....
der Anmeldung

vom *15ten Januar 1913*, wonach er *300* kg unversteuerte { Grumpen / Tabakblätter zum Steuersatze v *57 M* }

über die Zollgrenze ausgeführt
zur Niederlage in .... versendet
an ***Paul Fritsche*** zu *Berlin* veräußert
in den freien Verkehr gesetzt

hat, aus der Haftpflicht für die Tabaksteuer im Betrage von *136,80 M* entlass worden ist.

Der Herrn ***Huber*** nach der Tabaksteuerberechnung vom *1ten Dezember 19* zur Last stehende Betrag vermindert sich hiernach auf *135,70 M.*

Schwedt, den *16ten Januar* 1913.

Königliches Zollamt.

Hoffmann (Unterschrift.)

Anlage A.

Tabaklagerordnung.

§ 1.

Unversteuerter inländischer Tabak darf in eine öffentliche Niederlage oder in ein unter amtlichem Mitverschlusse stehendes Privatlager für unverzollte Waren (§ 27 des Gesetzes) unter denselben Bedingungen aufgenommen werden wie unverzollter ausländischer Tabak, wenn in der Niederlage entweder ausländischer Tabak überhaupt nicht gelagert wird, oder der ausländische zollpflichtige und der inländische steuerpflichtige Tabak getrennt lagern können. Beim Übergang in den freien Verkehr ist für den so eingelagerten inländischen Tabak die Steuer nach § 11 des Gesetzes zu entrichten. Allgemeines

§ 2.

(1) Öffentliche Niederlagen und unter amtlichem Mitverschlusse stehende Privatlager, die ausschließlich zur Aufnahme von unversteuertem inländischen Tabak dienen sollen (§ 28 des Gesetzes) sind in der Regel nur am Sitze einer mit zwei Beamten besetzten Amtsstelle zulässig.

(2) Über die Bewilligung, die jederzeit widerruflich ist, entscheidet die Direktivbehörde. Sie wird nur erteilt, wenn ein Verkehrsbedürfnis anzuerkennen ist.

(3) Privatlager für unversteuerten inländischen Tabak werden nur solchen Tabakpflanzern, Rohtabakhändlern oder Herstellern von Tabakerzeugnissen bewilligt, die das Vertrauen der Verwaltung genießen und entweder selbst am Lagerorte wohnen oder einen dort wohnhaften geeigneten Vertreter bestellen. Der Lagerinhaber hat auf Erfordern und nach näherer Anweisung der Steuerbehörde einen angemessen ausgestatteten Raum zum Aufenthalte für die Steuerbeamten während der Abfertigungen und Überwachungen zur Verfügung zu stellen und für dessen Beleuchtung, Erwärmung und Reinigung zu sorgen.

§ 3.

Auf die Benutzung der zur Aufnahme von unversteuertem inländischen Tabak eingerichteten Niederlagen (§§ 1 und 2) und auf die Abfertigung des Tabaks bei der Ein- und Auslagerung ist die Zollagerordnung sinngemäß anzuwenden, soweit nicht nachstehend etwas anderes bestimmt ist.

§ 4.

(1) Als Niederlageanmeldungen dienen Auszüge aus den Tabakbegleitscheinen I, für die das Begleitscheinmuster nach entsprechender Änderung benutzt werden kann. Einlagerung

(2) Tabak, dessen Gewicht durch Anfeuchten oder in anderer Weise künstlich vermehrt worden ist, wird in die Niederlage nicht aufgenommen.

§ 5.

Bezeichnung der Gattung des Tabaks.

(1) In den Lagerbüchern und Abfertigungspapieren ist die Gattung des Tabaks: Blätter, Grumpen, Abfälle, Stengel, entrippte Tabakblätter usw. anzugeben.

(2) Ist für Tabak gemäß § 26 des Gesetzes eine Herabsetzung des Steuersatzes bewilligt worden, so wird in den Lagerbüchern und Abfertigungspapieren vermerkt, daß der Tabak bei der Aufnahme in einen Betrieb zur Herstellung von Tabakerzeugnissen wegen Wertverminderung durch besondere Unglücksfälle dem ermäßigten Satze von 45 *M* in gegorenem Zustand unterliegt. Derartiger Tabak ist getrennt von anderem Tabak unter Festhaltung der Nämlichkeit zu lagern. Das gleiche gilt für Grumpen.

§ 6.

Lagerfrist.

Bei der Berechnung der fünfjährigen Lagerfrist bleibt die Zeit außer Betracht, in der nach der Verwiegung zurückgenommener Tabak beim Pflanzer unversteuert aufbewahrt worden ist. (Tabaksteuerordnung §§ 41 ff.)

§ 7.

Bearbeitung des Tabaks.

(1) In den Teilungslagern für Tabak (Bearbeitungslagern) ist die Gärung, das Streichen und Entrippen des Tabaks zulässig. Für das Entrippen gelten folgende Bedingungen:

a) Entrippte Blätter dürfen nur dann gegen Steuerentrichtung in den freien Verkehr gesetzt werden, wenn der Lagerinhaber eine entsprechende Menge Rippen entweder vorher zur Versteuerung vorgeführt hat oder gleichzeitig mit den Blättern zur Versteuerung vorführt oder aber, soweit dies nicht geschieht, gleichwohl die auf die Rippen entfallende Steuer entrichtet. Das Verhältnis zwischen Blättern und Rippen ist für jedes einzelne Lager von der Direktivbehörde zu bestimmen.

b) Die Rippen werden steuerfrei im Lagerbuch abgeschrieben, wenn sie entweder ausgeführt oder nach § 35 Abs. 2 der Tabaksteuerordnung vernichtet oder vergällt werden.

(2) Mit Genehmigung der Direktivbehörde kann unter besonderen Sicherungsmaßnahmen das Streichen und Entrippen auch außerhalb der Bearbeitungslager in den Betriebsräumen des Lagerinhabers oder in der Behausung von Heimarbeitern vorgenommen werden. Für die nicht wieder zur Niederlage gebrachte Menge ist ohne Rücksicht auf den Bearbeitungsabgang die Steuer nach dem Satze für gegorenen Tabak zu entrichten.

§ 8.

Auslagerung.

(1) Für die Abfertigung von unversteuertem Tabak, der von der Niederlage mit Begleitschein I weiter versandt oder für den

die Erhebung der Steuer einem anderen Amte mit Begleitschein II überwiesen wird, gelten die Vorschriften der §§ 31 bis 34 der Tabaksteuerordnung mit Ausnahme der Bestimmung des § 33 Abs. 2 unter b. Soll der Tabak bei der Auslagerung versteuert werden, so ist er nach dem Vordruck der Niederlage-Abmeldungen für unverzollte Waren abzumelden. Für den Tabakprobenverkehr kann die Direktivbehörde Erleichterungen zulassen.

(2) In allen Fällen ist das Auslagerungsgewicht der weiteren Abfertigung zugrunde zu legen. Für Tabak, der versteuert oder auf Begleitschein II abgefertigt wird, ist die Steuer nach den Sätzen des § 11 des Gesetzes zu berechnen. Ein Abzug gemäß § 25 Abs. 1 Satz 2 des Gesetzes findet auch dann nicht statt, wenn sich der Tabak noch in dachreifem Zustand befindet.

(3) Bei der Versteuerung können Taravergütungssätze für Umschließungen auf Grund von Probeverwiegungen ermittelt werden.

Anlage B.

Tabaksteuer-Stundungsordnung.

§ 1.

Allgemeines.

(1) Die Tabakgewichtsteuer kann gemäß § 30 des Gesetzes gestundet werden

a) dem Tabakpflanzer (§ 12 des Gesetzes) sowie dem Käufer oder sonstigen Erwerber von Tabak (§ 29 des Gesetzes) bis Ende Oktober des auf das Erntejahr folgenden Jahres,

b) bei der Abmeldung von inländischem Tabak aus Niederlagen zur Versteuerung dem Abmelder oder — bei der Versendung mit Begleitschein II — dem Empfänger für eine Frist von drei Monaten.

Tabakpflanzern, die ihren geernteten Tabak nachweislich nicht bis Ende Oktober des auf das Erntejahr folgenden Jahres verkauft haben, kann die Stundungsfrist von der Direktivbehörde auf Antrag bis Ende Februar des nächstfolgenden Jahres verlängert werden.

(2) Bei Stundung der Tabaksteuer ist über jeden im Einnahmebuche (§ 40 der Tabaksteuerordnung) anzuschreibenden Betrag ein Stundungsanerkenntnis abzugeben. Der Betrag jedes Anerkenntnisses muß mindestens 100 *M*, soweit es sich um Tabakpflanzer handelt, mindestens 25 *M* betragen.

(3) Die gestundeten Beträge sind spätestens am 25. Tage des Monats, in dem die Stundungsfrist abläuft, und wenn dieser ein Sonn- oder Festtag ist, am vorhergehenden Werktag einzuzahlen.

§ 2.

Für gestundete Tabaksteuer ist Sicherheit zu leisten. Die Grundsätze hierfür und die Voraussetzungen, unter denen gestundete Beträge vor Ablauf der Stundungsfrist eingezogen werden können, bestimmt die oberste Landesfinanzbehörde. Sie schreibt auch, abgesehen von dem Falle des § 5 Abs. 2, die Form der Stundungsanerkenntnisse vor.

§ 3.

Stundungsausweise.

(1) Zur Erleichterung des Überganges der Steuerpflicht (§ 29 des Gesetzes) auf Erwerber des Tabaks, die in anderen Hebebezirken wohnen, kann die Sicherheit für die Stundung de

Tabaksteuer auf Grund von Stundungsausweisen desjenigen Hauptamts beschafft werden, in dessen Bezirke der Erwerber seinen Wohnsitz hat.

(2) Die Erteilung von Stundungsausweisen ist bei dem Hauptamt schriftlich zu beantragen. Soll der Ausweis durch einen Vertreter benutzt werden, so ist dieser unter Übergabe einer Ausfertigung seiner eigenhändigen Unterschrift dem Hauptamt anzumelden. Der Antragsteller hat für den Gesamtbetrag, auf den die von ihm beantragten Ausweise lauten sollen, nach § 2 Sicherheit zu leisten.

(3) Der Ausweis wird vom Hauptamt für ein Tabakerntejahr nach Muster a ausgefertigt, nachdem der Antragsteller sich den Bestimmungen dieser Ordnung durch seine Unterschrift unterworfen hat. Muster a.

(4) Über die erteilten Ausweise führt das Hauptamt ein Ausfertigungsbuch nach Muster b. Erhält ein Stundungsnehmer mehrere Ausweise, so werden sie unter derselben Nummer eingetragen und durch Buchstaben unterschieden. Muster b.

§ 4.

Der Ausweisnehmer haftet der Steuerbehörde für jeden Mißbrauch, der mit dem Stundungsausweis, auch ohne sein Verschulden, getrieben wird. Bei Zurücknahme einer Prokura oder sonstigen Vollmacht haftet er für den von seinem bisherigen Vertreter mit dem Ausweis etwa getriebenen Mißbrauch selbst dann, wenn die Aufhebung des Vertretungsverhältnisses zu dem Handelsregister angemeldet und von dem Gerichte bekanntgemacht worden ist.

§ 5.

(1) Auf Grund des Stundungsausweises können die Hebestellen den darin bezeichneten Personen bis zu dem im Ausweis angegebenen Betrage für gekauften oder sonst erworbenen, in eine Niederlage noch nicht aufgenommenen Tabak Stundung gewähren. Eine Stundungsbewilligung ist jedoch nach dem 15. Juli des Jahres, das dem im Ausweis angegebenen Erntejahre folgt, nicht mehr zulässig. Die Hebestellen sind befugt aber nicht verpflichtet, die Berechtigung des Inhabers eines Stundungsausweises zu prüfen.

(2) Die vom Stundungsnehmer den Hebestellen zu übergebenden Anerkenntnisse (§ 1 Abs. 2) sind nach Muster c auszufertigen. Die Hebestelle bucht Nummer, Tag und Ausfertigungsamt des Ausweises, die Gesamtsumme, über die er lautet, und den von ihr gestundeten Betrag und gibt dem Inhaber den Ausweis zurück, nachdem sie darin den gestundeten Betrag dem Vordruck gemäß angeschrieben hat. Muster c.

(3) Über die Stundung läßt die Hebestelle eine Benachrichtigung nach Muster d dem Ausfertigungsamte zugehen, das die Angaben in sein Ausfertigungsbuch übernimmt. Muster d

§ 6.

(1) Bei Ablauf der Stundungsfrist sind die gestundeten Beträge bei der Hebestelle, bei der das Anerkenntnis abgegeben worden ist, einzuzahlen. Die Hebestelle benachrichtigt von der Einzahlung das Hauptamt, das den Ausweis ausgefertigt hat, und dieses vermerkt den Eingang der Benachrichtigung im Ausfertigungsbuche.

(2) Wird der gestundete Betrag nicht rechtzeitig eingezahlt, so ersucht die zuständige Hebestelle alsbald das Hauptamt, von dem der Ausweis ausgefertigt ist, um Einziehung und Übersendung des rückständigen Betrags. Das Hauptamt hat dem Antrag sofort zu entsprechen. Es erhält von dem ersuchenden Amte das mit Quittung versehene Anerkenntnis und zieht den Betrag nebst den entstandenen Kosten vom Stundungsnehmer ein.

§ 7.

Die Sicherheit wird aufgehoben, wenn der Stundungsausweis an das Ausfertigungsamt zurückgegeben und die Einzahlung der gestundeten Beträge durch Vorlegung der mit Quittung versehenen Anerkenntnisse nachgewiesen wird.

Muster a

Hauptamt .... (Tabaksteuer-Stundungsordnung § 3).

Ausfertigungsbuch Nr. ....

Tabaksteuer-Stundungsausweis

für

das Erntejahr 19.......

Der {Tabakhändler / Tabakverarbeiter} Herr ....

zu ...., der in anderen Hauptamtsbezirken Tabak erwerben und für die darauf ruhende Gewichtsteuer Stundung beanspruchen will, hat dem unterzeichneten Hauptamt hierfür Sicherheit in Höhe von .... ℳ, in Worten

bestellt.

Innerhalb dieses Betrags können die zuständigen Hebestellen

dem Herrn ....

dem mit Prokura versehenen Vertreter, Herrn ....

dem besonders bevollmächtigten Vertreter, Herrn ....

nach den Vorschriften der Tabaksteuer-Stundungsordnung Tabakgewichtsteuer stunden.

Dieser Ausweis besteht aus .... Blättern, die mit dem Namenszeichen des Unterzeichneten versehen und mit einer angesiegelten Schnur durchzogen sind.

......................, den ....ten .... 19.......

(Siegel) .... Haupt .... amt.

....

Mit diesem Stundungsausweis übernehme ich die aus der Tabaksteuer-Stundungsordnung sich ergebenden Verpflichtungen.

......................, den ....ten .... 19.......

.... (Unterschrift des Geschäftsinhabers.)

Mein obengenannter Prokurist, Herr .... wird zeichnen:

.... (Unterschrift.)

Mein obengenannter, besonders bevollmächtigter Vertreter, Herr .... wird zeichnen:

.... (Unterschrift.)

Anschreibungen.

Der Tabakhändler / Tabakverarbeiter, Herr .... zu ....

hat auf diesen Ausweis die nachstehend verzeichneten Tabaksteuerbeträge gestundet erhal

Laufende Nr.	Benennung der Hebestelle, bei der die Steuer gestundet worden ist	Hauptamt, dem die Hebestelle zugeteilt ist	M	Gestundet
1	2	3	4	

euerbetrag rten	Der gestundete Betrag ist gebucht im Einnahmebuche		Unterschrift des Hebebeamten	Bemerkungen
	für das Viertel	unter Nr.		
	6	7	8	9

Anleitung.

1. Der vorseitig genannte Geschäftsinhaber haftet der Steuerbehörde für jeden Mißbrauch, der mit diesem Ausweis, auch ohne sein Verschulden, getrieben wird. Bei Zurücknahme einer Prokura oder sonstigen Vollmacht haftet er für den von seinem bisherigen Vertreter mit dem Ausweis etwa getriebenen Mißbrauch selbst dann, wenn die Aufhebung des Vertretungsverhältnisses zu dem Handelsregister angemeldet und von dem Gerichte bekanntgemacht worden ist.
2. Die Hebestellen, bei denen Stundung auf Grund des Ausweises beansprucht wird, sind befugt aber nicht verpflichtet, die Berechtigung des Inhabers zu prüfen.
3. Über jeden auf Grund dieses Ausweises zu stundenden Betrag ist der Hebestelle ein Anerkenntnis nach Muster c der Tabaksteuer-Stundungsordnung zu übergeben.
4. Die Hebestelle bucht Nummer, Tag und Ausfertigungsamt des Ausweises, die Gesamtsumme, über die er lautet, und den von ihr gestundeten Betrag und gibt dem Inhaber den Ausweis zurück, nachdem sie darin den gestundeten Betrag dem Vordruck gemäß angeschrieben hat. Dem Ausfertigungsamt ist eine Benachrichtigung nach Muster d der Stundungsordnung zu übersenden.
5. Bei Rückgabe dieses Ausweises an das Ausfertigungsamt wird die Sicherheit aufgehoben, wenn die Einzahlung der gestundeten Beträge durch Vorlegung der mit Quittung versehenen Anerkenntnisse nachgewiesen wird.

Muster b
(Tabaksteuer-Stundungsordnung § 3)

Hauptamt ....

Ausfertigungsbuch über Tabaksteuer-Stundungsausweise

für

das Erntejahr 19..........

Enthält .... Blätter, *die mit einer* [...]*ngesiegelten Schnur durchzogen sind.*

(Siegel) .... (Unterschrift.)

Geführt von ....

Anleitung.

[1]. Empfängt ein Stundungsnehmer mehrere Ausweise, so werden sie unter derselben Nummer eingetragen und durch Buchstaben unterschieden.

[2]. Die Eintragungen in den Spalten 7 bis 9 und 10 erfolgen auf Grund der Benachrichtigungen, die dem Ausfertigungsamte von den Hebestellen gemäß § 5 Abs. 3 und § 6 Abs. 1 der Stundungsordnung zugehen.

Laufende Nr.	Tag der Ausstellung des Stundungsausweises	Des Stundungsnehmers			Betrag, über den der Tabaksteuer-Stundungsausweis lautet	Hierauf sind angeschrieben				Die Benachrichtigung über die Einzahlung des gestundeten Betrags ist eingegangen am	Nach Vorlegung der quittierten Anerkenntnisse und des Stundungsausweises ist die Sicherheit aufgehoben worden am	Be-mer-kun-ge
		Vorname	Zuname	Wohnort		am	Betrag		bei der Hebestelle			
					ℳ		ℳ	Pf.				
1	2	3	4	5	6	7	8		9	10	11	12

Muster c

(Tabaksteuer-Stundungsordnung § 5).

Stundungsanerkenntnis.

Der Unterzeichnete erkennt hierdurch an, daß ihm der am ...... ten .... 19....
ei dem .... amt in ....
u entrichtende Tabaksteuerbetrag von .... ℳ, in Worten ....
.... auf Grund des Stundungsausweises Nr. ...., ausgestellt
om Hauptzollamt in ...., gestundet worden ist. Der Unter-
ichnete verpflichtet sich, diesen Betrag, sobald er gefordert wird, sonst aber unauf-
efordert spätestens bis zum 25. Oktober 19.... bei dem .... amt
.... einzuzahlen.

.................., den ...... ten .... 19....

(Firmenstempel)

....
(Unterschrift des Stundungsnehmers.)

Einnahmebuch Nr. ....

.... buch Blatt .... Nr. ....

Quittung.

Obiger Betrag ist heute eingezahlt worden. .... buch Nr. ....

.................., den ...... ten .... 19....

.... amt.

Das quittierte Anerkenntnis ist, wenn die Sicherheit aufgehoben werden soll, mit dem Stun-
ngsausweise vorzulegen.

Muster d

(Tabaksteuer-Stundungsordnung § 5).

Hauptamtsbezirk ....

.... amt ....

Benachrichtigung.

In dem Tabaksteuer-Stundungsausweise Nr. .... des .... Hauptzollamts zu .... vom ...., lautend üb .... *M*, ist dem Herrn .... heute von dem unterzeichneten Amte der Betrag von .... *M* in Worten .... angeschrieben worden.

.................................., den ......ten.................................. 19.........

.... amt.

(Unterschrift.)

Eingegangen am ....

Anlage C.

Tabakersatzstoff-Ordnung.

§ 1.

Allgemeines.

Beilage.

(1) Auf Grund des § 37 des Gesetzes kann die Mitverwendung der in der Beilage verzeichneten Tabakersatzstoffe bei Herstellung von Tabakerzeugnissen gestattet werden.

(2) Von den verwendeten Stoffen wird eine Tabakersatzstoff-Abgabe in Höhe von 85 ℳ für den Doppelzentner ihres Gewichts in verarbeitungsreifem Zustand erhoben.

(3) Beimischungen, die lediglich als Hilfsmittel für die Tabakverarbeitung dienen und keinen Tabakersatz bilden, z. B. zur Duftverleihung bestimmte Stoffe und Auszüge aus Tabakersatzstoffen, fallen nicht unter das Verwendungsverbot des § 37 des Gesetzes und sind nicht abgabepflichtig.

§ 2.

(1) Über die Bewilligung, die jederzeit widerruflich ist, entscheidet das Hauptamt. Sie wird nur Herstellern erteilt, die kaufmännische Bücher ordnungsmäßig führen und das Vertrauen der Verwaltung genießen. Die Befugnis ist insbesondere dann zu entziehen, wenn im letzten Rechnungsjahre die in der Beilage angegebene Mindestmenge nicht erreicht ist.

(2) Die Verwendung unterliegt der Steueraufsicht. Den Beamten ist der Besuch der Betriebs- und Lagerräume während der Betriebszeit jederzeit gestattet. Auf Verlangen ist ihnen Auskunft über den Betrieb zu erteilen. Den Oberbeamten steht die Einsicht der Verarbeitungs- und Handelsbücher über den Bezug und Verbrauch von Ersatzstoffen zu.

(3) In der Regel dürfen die Ersatzstoffe nur in verarbeitungsreifem, d. i. in dem Zustand in den Betrieb bezogen werden, in dem sie unmittelbar Verwendung finden. Auf Antrag kann das Hauptamt unter Anordnung von Sicherheitsmaßregeln Ausnahmen zulassen, falls die Ersatzstoffe ausschließlich im Betriebe des Antragstellers verwendet werden.

§ 3.

(1) Betriebe, in denen Ersatzstoffe verwendet werden, müssen mit geeichten Wiegegeräten versehen sein.

(2) Der Aufstellungsort der Wage wird im Einvernehmen mit dem Oberkontrolleur bestimmt.

§ 4.

Verwendungserklärung.

(1) Betriebsinhaber, denen die Verwendung von Ersatzstoffen gestattet ist, haben der Steuerstelle mindestens drei Tage vor der ersten Verwendung eine schriftliche Erklärung in doppelter Ausfertigung zu übergeben, in der die Ersatzstoffe und die Erzeugnisse, bei deren Herstellung sie benutzt werden sollen, zu bezeichnen sind. In der Erklärung ist ferner das Mischungsverhältnis der Ersatzstoffe und Tabake, die Art und Weise der beabsichtigten Verwendung — insbesondere der Abschnitt der Herstellung, bei der sie erfolgen soll —, sowie der Raum für die Aufbewahrung der Ersatzstoffvorräte anzugeben.

(2) Nach Prüfung der Erklärung durch den Oberkontrolleur wird die eine Ausfertigung dem Betriebsinhaber zurückgegeben, der sie in dem Betriebsraum zur Einsicht der Beamten auszulegen hat. Die zweite Ausfertigung wird bei der Steuerstelle als Beleg zu der nach Muster a zu führenden Liste aufbewahrt.

Muster a.

(3) Abweichungen von dem Inhalt der Erklärung für einzelne bestimmte Fälle kann der Oberkontrolleur auf schriftlichen Antrag gestatten.

§ 5.

Lagerraum.

(1) Die Vorräte an Ersatzstoffen dürfen nur in dem angemeldeten Lagerraum aufbewahrt werden. Verschiedene Arten von Ersatzstoffen sind voneinander getrennt zu lagern.

(2) Der Lagerraum muß von den Betriebsräumen getrennt sein.

(3) Die Entnahme von Ersatzstoffen aus dem Lagerraume zu anderen Zwecken als zur Mitverwendung bei Herstellung von Tabakerzeugnissen ist nur ausnahmsweise und mit Genehmigung des Oberkontrolleurs zulässig.

(4) Werden mit seiner Genehmigung Ersatzstoffe an andere Herstellungsbetriebe abgegeben, so teilt dies der Oberkontrolleur dem für den Betrieb des Beziehers zuständigen Hauptamt mit.

§ 6.

Lagerbuch.

Über die Vorräte an Ersatzstoffen ist von dem Betriebsinhaber oder seinem, der Hebestelle ein für allemal zu bezeichnenden Vertreter ein Lagerbuch nach Muster b in vierteljährlichen Abschnitten gemäß der Anleitung auf dem Muster zu führen. Dem Buche sind die Rechnungen, Frachtbriefe usw. über den Bezug der Ersatzstoffe beizufügen.

Muster b.

§ 7.

Bestandsaufnahme.

(1) Abgesehen von außergewöhnlichen Lageraufnahmen, di[e] die Aufsichtsbeamten für erforderlich halten, findet, sofern nicht di[e] Direktivbehörde in besonderen Fällen längere Fristen zuläßt, rege[l]mäßig am Vierteljahrsschlusse durch den Oberkontrolleur unter Zuziehung des Betriebsinhabers oder seines Vertreters eine Bestandsaufnahme der Ersatzstoffe statt. Der Istbestand wird hierbei dur[ch] Verwiegung ermittelt. Zur Feststellung des Sollbestandes werde[n]

die Anschreibungen mit den Rechnungen usw. (§ 6) verglichen. Fehl- oder Mehrmengen schreibt der Oberkontrolleur im Lagerbuch ab oder an und leitet unter Umständen das Strafverfahren ein. Die Fehlmengen werden mitversteuert.

(2) Der am Vierteljahrsschlusse vorhandene Istbestand wird in das Lagerbuch für das folgende Vierteljahr übernommen. Die Richtigkeit der Übertragung ist von dem Oberkontrolleur und dem Betriebsinhaber im Lagerbuche zu bescheinigen. Der Oberkontrolleur gibt die Gewichtsmenge der zu versteuernden Ersatzstoffe im Lagerbuch an und stellt dieses dem Amte zu.

(3) Mengen von weniger als 100 g bleiben bei den An- und Abschreibungen, den Lageraufnahmen und bei der Abgabenberechnung außer Betracht.

§ 8.

Entrichtung der Abgabe.

(1) Der von der Hebestelle berechnete Abgabenbetrag wird dem Betriebsinhaber mitgeteilt, der ihn binnen acht Tagen einzuzahlen hat. Eine Stundung findet nicht statt.

Muster c.

(2) Über die Einnahme an Tabakersatzstoff-Abgabe wird ein Einnahmebuch nach Muster c geführt. Mit Genehmigung der Direktivbehörde kann die Abgabe im Tabaksteuereinnahmebuche (§ 40 der Tabaksteuerordnung) nachgewiesen werden, dessen Muster in diesem Falle zu ergänzen ist.

(3) Die Lagerbücher nebst Belegen werden mit dem Einnahmebuche zur Buchprüfung vorgelegt. Dem Einnahmebuche für das erste Viertel des Rechnungsjahrs ist ein von dem zuständigen Oberbeamten bescheinigtes Verzeichnis derjenigen Betriebsinhaber beizufügen, denen im abgelaufenen Vierteljahre die Mitverwendung von Ersatzstoffen bei der Herstellung von Tabakerzeugnissen gestattet war. Die in den andern drei Vierteljahren etwa eingetretenen Änderungen sind der Direktivbehörde bei Vorlegung des Einnahmebuchs anzuzeigen.

§ 9.

Strafvorschrift.

Bei Zuwiderhandlung gegen die Vorschriften dieser Ordnung tritt, sofern nicht die Strafe aus § 45 Abs. 2 des Gesetzes verwirkt ist, die im § 49 daselbst angedrohte Ordnungsstrafe ein.

Beilage

zur Tabakersatzstoff-Ordnung.

Verzeichnis

der Tabakersatzstoffe, deren Mitverwendung bei der Herstellung von Tabakerzeugnissen gestattet werden kann.

Laufende Nr.	Benennung der Ersatzstoffe	Die jährliche Mindmenge beträgt kg
1	2	3
1.	Gewöhnliche Kirschblätter und Weichselkirschblätter	50
2.	Melilotenblüten (Steinklee)	25
3.	eingesalzene Rosenblätter	50
4.	Veilchenwurzelpulver	10
5.	Sogenannte Vanilleroots (Blätter usw. von liatris odoratissima)	20
6.	Wegebreitblätter	15
7.	Altheeblätter	20
8.	Huflattichblätter	20
9.	Baldrianwurzeln	10
10.	getrocknete Brennesseln	10

Muster a
(Tabakersatzstoff-Ordnung § 4).

Hauptamt

amt

Liste

der

Betriebsinhaber, denen die Mitverwendung von Ersatzstoffen bei der Herstellung von Tabakerzeugnissen gestattet ist.

Anleitung.

Die Liste wird fortlaufend geführt. Die dazugehörigen Belege sind der Zeitfolge nach mit Nummern zu versehen und in einem Hefte vereinigt aufzubewahren.

Bei Einsendung des Lager- und Einnahmebuchs für das 1. Viertel des Rechnungsjahrs zur Prüfung wird ein von dem zuständigen Oberbeamten bescheinigter Auszug aus der Liste beigefügt, der zu enthalten hat:

a) Namen und Wohnort derjenigen Betriebsinhaber, die im Laufe des Vierteljahrs Ersatzstoffe verwenden durften,

b) die Art dieser Ersatzstoffe.

Laufende Nr.	Tag der Eintragung	Die Genehmigung ist erteilt				Belegnummer	Bemerkungen
		am	für (Art des Ersatzstoffs)	den Betriebsinhabern			
				Name	Wohnort		
1	2	3	4	5	6	7	8

Muster b
(Tabakersatzstoff-Ordnung § 6).

Hauptamt

amt

Lagerbuch

es *Johann Meyer* zu *Neunkirchen* über die Vorräte an Tabakersatzstoffen für das 4te Viertel des Rechnungsjahrs 19*12*.

Enthält Blätter, *die mit einer ngesiegelten Schnur durchzogen sind.*

Das Buch ist im

.... (Unterschrift.)

aufzubewahren.

Inhaltsverzeichnis.

Gattung der Ersatzstoffe	Blatt	Gattung der Ersatzstoffe	Blatt
ewöhnliche Kirschblätter			

(Anleitung für den Gebrauch auf der letzten Seite.)

Gewöhnli

Laufende Nr.	Der Zugang oder Abgang hat stattgefunden				Nähere Bezeichnung der Zu- und Abgänge usw.
	Monat	Tag	Stunde	Vor- oder Nachmittag	
1	2	3	4	5	6
1.	—	—	—	—	*Istbestand am Schlusse des 3. Viertels 1912* .... **Wagenknecht,** *Oberzollkontrolleur.*
2.	*Januar*	*5*	*10*	*V.*	*Frachtbrief und Rechnung von Epstein* ....
3.	»	*10*	*9*	*V.*	*In den Betrieb abgegeben* ....
					Zusammen
					Abgang
					Mithin Sollbestan
—	»	*30*	—	—	*Bei der heutigen Lageraufnahme waren vorhanden* ....
					Daher Überschuß
					Istbestan
4.	»	*31*	*9*	*V.*	*Verkauft an den Fabrikanten Schlipp, hier* ....
5.	*Februar*	*2*	*3*	*N.*	*In den Betrieb abgegeben* ....
6.	»	*12*	*10*	*V.*	*Frachtbrief und Rechnung von Rüdesheim* ....
7.	*März*	*8*	*10*	*V.*	*Probesendung, Frachtbrief von Auerbach* ....
8.	»	*12*	*2*	*N.*	*In den Betrieb abgegeben* ....
					Zusamme
					Abgar
					Mithin Sollbestar
—	»	*31*	—	—	*Bei der heutigen Vierteljahrsaufnahme waren vorhanden*
					Daher Minderbefu
					Für das 4. Viertel sind zu versteue

Die Richtigkeit des Abschlusses und die Übertragung des Istbestandes mit 23,7 kg in das Lo für 1. Viertel 1913 bescheinigen:

Wagenknecht, *Oberzollkontrolleur.* **Joh. Meyer.**

…schblätter.

…eg- …mer	Zugang: Rein-gewicht kg	1/10	Abgang in den Betrieb kg	1/10	Abgang zu anderen Zwecken kg	1/10	Abgang zusammen (Sp. 9 + 10) kg	1/10	Menge der zu versteuernden Ersatzstoffe kg	1/10	Bemerkungen
	8		9		10		11		12		13
	720	—	—	—	—	—	—	—	—	—	
2	271	—	—	—	—	—	—	—	—	—	
	—	—	241	5	—	—	—	—	—	—	
	991	—	241	5	—	—	241	5	241	5	
	241	5	—	—	—	—	—	—	—	—	
	749	5	—	—	—	—	—	—	—	—	
	967	—	—	—	—	—	—	—	—	—	
	217	5	—	—	—	—	—	—	—	—	*Wegen des Mehrbefundes ist Anzeige erstattet.* ***Wagenknecht,*** *Oberzollkontrolleur.*
	967	—	—	—	—	—	—	—	—	—	
	—	—	—	—	524	—	—	—	—	—	
	—	—	119	2	—	—	—	—	—	—	
5	209	—	—	—	—	—	—	—	—	—	
	2	—	—	—	—	—	—	—	—	—	
	—	—	400	—	—	—	—	—	—	—	
	1 178	—	519	2	524	—	1 043	2	519	2	
	1 043	2	—	—	—	—	—	—	—	—	
	134	8	—	—	—	—	—	—	—	—	
	23	7	—	—	—	—	—	—	—	—	
	111	1	—	—	—	—	—	—	111	1	*Wie oben wegen des Minderbefundes.* ***Wagenknecht,*** *Oberzollkontrolleur*
	—	—	—	—	—	—	—	—	871	8	

Die Abgabe von 871,8 kg zum Satze von 85 ℳ für 1 dz beträgt 741 ℳ. Einnahmebuch Nr. 1.

Krause,

Zolleinnehmer.

Anleitung.

1. Das Lagerbuch ist von dem Betriebsinhaber selbst oder von seinem dem Amte hierfür ein fü allemal zu bezeichnenden Vertreter, in jedem Falle aber unter seiner Verantwortlichkei zu führen.
2. In dem Inhaltsverzeichnis — Seite 1 — ist die Art der vorrätig gehaltenen Ersatzstof anzugeben. Für jede Art von Ersatzstoffen wird eine besondere Abteilung angelegt.
3. Zu- und Abgang sind nach dem Reingewicht in ganzen und zehntel Kilogramm anz schreiben. Unter »Zugang« ist jede Post sofort nach der Einbringung in den Aufbewahrung raum einzutragen. Jeder Zugang muß mit den Rechnungen, Frachtbriefen usw. über d Bezug belegt sein, die bei dem Buche geordnet aufzubewahren sind. Der »Abgang« zu buchen, sobald die Entnahme aus dem Lager behufs Verwendung zu Tabakerzeugniss oder zu anderen Zwecken stattfindet. Jede Entnahme zu anderen Zwecken bedarf der v herigen Genehmigung des Oberkontrolleurs.
4. Der Oberkontrolleur ist befugt, unter Zuziehung des Betriebsinhabers oder seines Vertrete jederzeit den Soll- und den Istbestand zu ermitteln.
5. Am Schlusse des Vierteljahrs sowie bei außergewöhnlichen Lageraufnahmen hat der B triebsinhaber oder sein Vertreter das Buch aufzurechnen und durch Absetzung des Abgang vom Zugang den Sollbestand zu bilden. Der ermittelte Istbestand wird in allen Fäll neu angeschrieben und am Vierteljahrsschlusse vom Oberkontrolleur in das Lagerbuch f das nächste Vierteljahr übertragen. Der Betriebsinhaber hat die Richtigkeit der Üb tragung mitzubescheinigen.
6. Das Lagerbuch ist nach näherer Bestimmung des Oberkontrolleurs aufzubewahren und Aufsichtsbeamten stets zugänglich zu halten.

Muster c
(Tabakersatzstoff-Ordnung § 8).

Hauptamt ....

...... amt ......

Einnahmebuch
über die Tabakersatzstoff-Abgabe

für

das ...... Viertel des Rechnungsjahrs 19..........

Enthält .... Blätter, *die mit einer gesiegelten Schnur durchzogen sind.*

.... (Unterschrift.)

Geführt von ....

Laufende Nr.	Der Eintragung Monat und Tag	Des Lagerbuchs Blatt	Der Betriebsinhaber		Die Abgabe ist zu entrichten für (Gattung und Menge der Ersatzstoffe)										Betr… der … gezah… Abg…
			Name	Wohnort	kg	1/10	kg	1/10	kg	1/10	kg	1/10	kg	1/10	ℳ
1	2	3	4	5	6		7		8		9		10		1…

Tabaksteuergemeinschaft mit dem Großherzogtume Luxemburg.

Die Vorschriften des Tabaksteuergesetzes vom 15. Juli 1909 sind im Großherzogtume Luxemburg durch folgenden Beschluß in Kraft gesetzt worden:

(Memorial des Großherzogtums Luxemburg, 1909 S. 624).

An Stelle der durch Beschluß des Generaldirektors der Finanzen vom 13. August 1879 veröffentlichten Bestimmungen, betreffend die Besteuerung des Tabaks (Mem. S. 558 ff.), treten in Gemäßheit des deutschen Reichsgesetzes vom 15. Juli 1909, betreffend Änderung des Tabaksteuergesetzes, die folgenden Bestimmungen.

Luxemburg, den 5. August 1909.

Der Generaldirektor der Finanzen.

M. Mongenast.

(Folgt der Text des Tabaksteuergesetzes.)

Sachverzeichnis

zu

den §§ 11 bis 56 des Tabaksteuergesetzes

und zur

Tabaksteuerordnung nebst ihren Anlagen.

Abkürzungen:

G. = Gesetz,
O. = Steuerordnung,
A = Lagerordnung,
B = Stundungsordnung,
C = Ersatzstofforordnung.

Die Zahlen bezeichnen die Paragraphen und deren Absätze.

Sachverzeichnis.

L.

M.

N.

O.

P.

R.

S.

T.

W.

Z.

Berlin, gedruckt in der Reichsdruckerei.
1823. 12. III.

GPSR Compliance

The European Union's (EU) General Product Safety Regulation (GPSR) is a set of rules that requires consumer products to be safe and our obligations to ensure this.

If you have any concerns about our products, you can contact us on ProductSafety@springernature.com

In case Publisher is established outside the EU, the EU authorized representative is:

Springer Nature Customer Service Center GmbH
Europaplatz 3
69115 Heidelberg, Germany

Batch number: 10844675

Printed by Printforce, the Netherlands